BREVE HISTORIA DE
LA GUERRA

BREVE HISTORIA DE LA GUERRA

Gwynne Dyer

Traducción de Joan Soler Chic

Antoni Bosch editor

Antoni Bosch editor, S.A.U.
Manacor, 3, 08023, Barcelona
Tel. (+34) 93 206 07 30
info@antonibosch.com
www.antonibosch.com

© del texto: Gwynne Dyer, 2021
© de la traducción: Joan Soler Chic, 2022
© de esta edición: Antoni Bosch editor, S.A.U., 2022

ISBN: 978-84-124076-6-2
Depósito legal: B. 7502-2022

Diseño de la cubierta: Compañía
Maquetación: JesMart
Corrección de pruebas: Olga Mairal
Impresión: Prodigitalk

Impreso en España
Printed in Spain

FSC
www.fsc.org
MIXTO
Papel | Apoyando
la selvicultura
responsable
FSC® C159131

Para Alice

Índice

Prólogo

Una fuerza aérea es algo muy caro. A los países pequeños, los drones les ofrecen acceso barato a la aviación táctica y a bombas guiadas, que les permiten destruir equipos enemigos mucho más caros, como tanques o sistemas de defensa aérea.

MICHAEL KOFMAN, analista militar,
CNA, en la Guerra de Nagorno-Karabaj de 2020[1]

Siempre hay otra guerra que analizar, y a lo largo de mi vida esto es lo que he hecho. Sin embargo, este no es un libro analítico, sino que aborda la guerra en su totalidad, subrayando nuestras razones para librarlas e incluso el modo de evitarlas. En muchos países, la opinión pública se opone a la guerra como forma de actuación, pero casi todos tienen un ejército por remota que les parezca la posibilidad de tener que utilizarlo.

Recientemente hemos realizado avances significativos. Ninguna gran potencia ha participado directamente en ninguna guerra desde hace tres cuartos de siglo, el intervalo más largo en varios miles de años. Quizás a veces intervienen indirectamente en alguna o atacan a países más pequeños y débiles, pero, como sus armas han llegado a ser tan destructivas, han evitado repetidamente la guerra abierta entre sí, y ello pese a haber ocurrido algunas crisis aterradoras.

Además, los estragos de la guerra en cuanto a vidas perdidas y ciudades destruidas han descendido bruscamente desde 1945, cuando cada mes moría más de un millón de personas por esa causa. En la década de 1970, la cifra bajó a un millón al año, y ahora girará en torno a unos pocos cientos de miles —menos de las que fallecen en accidentes de tráfico—. De hecho, aparte de las zonas conflictivas crónicas del sudoeste de Asia y África, actualmente no hay en curso más que una guerra de magnitud apreciable en el mundo (o quizás ninguna, si en el momento en que salga de imprenta la presente edición, la guerra de Ucrania ya hubiera acabado).

También hay leyes y organizaciones internacionales, casi todas nacidas después de la Segunda Guerra Mundial, con el objetivo de reducir la amenaza de guerra y limitar su impacto en la población civil, que han obtenido algunos éxitos. Los medios de comunicación nos muestran continuamente imágenes bélicas porque saben que no nos resistimos a mirarlas, pero por lo general siempre proceden de los mismos sitios. A pesar de que en ocasiones se produzcan enfrentamientos violentos y dramáticos, como la guerra en Ucrania, seguramente estamos en la época más tranquila de la historia mundial.

No obstante, las armas están ahí, más mortíferas que nunca. Los Estados Mayores siguen con sus planes, los ejércitos preparan a sus soldados para matar (hoy en día, de forma muy explícita), y en los últimos diez años los presupuestos de Defensa han aumentado en casi todos los países. Incluso en este período de paz y prosperidad sin precedentes, tanto los soldados como los diplomáticos continúan considerando que la guerra es posible. Y se acercan tiempos más duros.

Ha vencido la factura de estos dos siglos desenfrenados en que el crecimiento demográfico se ha multiplicado por ocho y ha tenido lugar una industrialización masiva, y vamos a tener muchas dificultades para poder pagarla. El clima ya está abandonando el estado estable en el que se ha desarrollado nuestra civilización a lo largo de los últimos diez mil años, y tendremos suerte si conseguimos estabilizarlo antes de que el aumento de temperatura supere el umbral de $+\,2\,°C$ y se descontrole.

Aunque logremos evitar el desastre, la acción retardada de las emisiones de gases de efecto invernadero ya presentes en la atmósfera aún sin producir todo su impacto en el clima, sumada al efecto de las nuevas emisiones que sin duda vendrán a continuación, aunque adoptemos medidas más radicales para pasar de los combustibles fósiles a otras fuentes de energía, provocará un calentamiento suficiente para dañar la producción alimentaria global, sobre todo en las regiones tropicales y subtropicales.

Casi seguro que esto originará flujos de refugiados mucho mayores que nada que hayamos visto en el pasado, lo cual obligará a los gobiernos de los países de destino a tomar dolorosas decisiones sobre quién entra y quién se queda fuera, así como sobre qué medios legítimos cabe emplear para que se queden fuera. Como los gobiernos incapaces de alimentar a su gente no suelen sobrevivir, quizás acabemos teniendo grandes espacios «no gobernados» en algunos de los países más afectados –pensemos en un territorio cuya extensión abarcaría entre diez y veinte Somalias–. A ciertos países que comparten sistemas fluviales importantes acaso les resulte difícil evitar la guerra cuando el caudal total esté muy bajo y el país de aguas arriba tenga la tentación de quedarse con más cantidad de agua para su gente.

Estas probabilidades futuras, que se discuten poco en público, ya están siendo tomadas en consideración en las evaluaciones estratégicas que llevan a cabo los equipos de planificación de las principales potencias militares. No es que estén buscando problemas, sino que tienen la responsabilidad profesional de preverlos y prepararse para afrontarlos. A su entender, se avecina algo grave que no podrá –o al menos probablemente no podrá– abordarse con medios que no sean militares. La guerra entre las grandes potencias, el tipo de guerra en el que mueren millones de personas, no está muerta; solo está durmiendo, y últimamente se ha estado revolviendo un poco.

Esta es una buena razón para volver a examinar el fenómeno de la guerra en su conjunto. Hace solo un siglo –pongamos a mediados de la Primera Guerra Mundial–, predominaba la opinión general de que la guerra era una empresa noble y una cosa buena (siempre y cuando se ganara). Las masacres masivas de soldados-ciudadanos en las trincheras pusieron punto final a esta visión y, desde entonces, la gente suele considerar, acertadamente, que la guerra es un problema. Para llegar a esta conclusión, ni siquiera hizo falta esperar a que llegaran las armas nucleares.

De todos modos, la mayoría de nosotros no estamos bien informados sobre el origen de las guerras ni sobre cómo ocurren y se desarrollan. Y esto se debe en gran medida a que tememos que un examen minucioso debilite la reverencia y la gratitud que sentimos hacia los que sacrificaron su vida en las guerras de nuestro país. No obstante, con el debido respeto por los «caídos» (quienes merecen algo más que una palabra tan equívoca), hemos de proseguir.

Este libro no es una historia militar convencional, aunque tengo cierta formación como historiador militar y he pasado la primera mitad de mi vida adulta dando vueltas por el ejército. Es un estudio de la guerra como costumbre y tradición, como institución social y política, y como problema.

La táctica, la estrategia, la doctrina y la tecnología serán importantes, igual que en una historia de la cirugía se hablaría de cortar y suturar, pero no ocuparán el primer plano. Los seres humanos, que deben aceptar las extraordinarias exigencias de esta institución, tanto altos mandos como soldados rasos por igual, también han de formar parte de esta historia. En cualquier caso, por encima de todo, es un libro sobre por qué hacemos la guerra y cómo podemos dejar de hacerla precisamente ahora, cuando resulta tan peligrosa.

1
Orígenes

¿Qué edad tiene la guerra?

Los seres humanos no inventaron la guerra. La heredaron. La practicaron nuestros antepasados más lejanos, como han hecho nuestros parientes primates más cercanos hasta el día de hoy. Sin embargo, durante los dos últimos siglos, la mayoría de la gente creía que la guerra se había desarrollado con la civilización, y que para nuestros predecesores cazadores-recolectores no había constituido ningún problema importante.

Esta idea se vio fuertemente promovida a mediados del siglo XVIII por Jean-Jacques Rousseau, uno de los filósofos más influyentes de la Ilustración, según el cual los «buenos salvajes» anteriores a la llegada de las civilizaciones de masas habían vivido en libertad e igualdad –y, daba a entender él, en paz–. Podíamos recuperar ese paraíso perdido si éramos capaces de deshacernos de los reyes y los sacerdotes que ahora oprimían los territorios civilizados. Se trataba de una idea atractiva, y ya en su época ciertas personas empezaron a actuar en consecuencia. Rousseau murió dos años después del comienzo de la Revolución Americana, y solo once años antes de la mucho mayor convulsión que supuso la Revolución Francesa.

Rousseau seguramente creía que los buenos salvajes sí se peleaban de vez en cuando, pero aquellos enfrentamientos armados eran leves, provocaban pocas víctimas y no tenían nada que ver con las tremendas batallas libradas entre los grandes ejércitos de la civilización. Incluso dos siglos después, cuando los antropólogos empezaron a estudiar los pocos grupos de cazadores-recolectores que habían sobrevivido en el mundo moderno, se siguió informando de que los ocasionales conflictos armados entre esos pequeños grupos –formados por poco más de treinta personas y casi siempre menos de cien– eran en esencia actos rituales con un bajo coste en vidas. Pero en los últimos cincuenta años nos hemos dado cuenta de lo equivocados que estaban.

No podemos echarle la culpa a Rousseau de su error. En su época, el conocimiento del pasado se remontaba solo a unos tres mil años. Nadie sabía la edad de la Tierra (4.500 millones de años), nada sobre la evolución (nuestro linaje de los homínidos se separó del de los chimpancés entre 4 y 5,5 millones de años atrás), ni siquiera cuándo había aparecido el *homo sapiens* (hace unos 300.000 años). Cuesta más entender cómo es que los antropólogos pudieran pasar por alto durante tanto tiempo las evidencias y los datos que se les iban acumulando ante sus ojos, pero el caso es que siguieron creyendo a Rousseau hasta bien entrado el siglo xx.

Ignoraron descripciones de personas como William Buckley, que, en 1803, huyó de una colonia penitenciaria de la costa meridional de Australia y vivió treinta y dos años como fugitivo entre los aborígenes.

> Al acercarnos a la tribu hostil, vi que todos eran hombres [...] La pelea empezó enseguida [...] [Dos miembros del grupo de Buckley cayeron muertos en el enfrentamiento, pero por la noche contraatacaron], y al ver que la mayoría estaban dormidos y yacían en grupos, nos abalanzamos sobre ellos, y matamos a tres en el acto y herimos a varios [...] El enemigo escapó [...] y dejó sus armas de guerra en manos de sus asaltantes, con lo cual sus heridos fueron golpeados hasta la muerte con búmeran.[1]

También ignoraron la obra del pionero etnólogo Lloyd Warner, quien a principios del siglo xx estudió la tribu murngin, de la Tierra de Arnhem, en el norte de Australia. No hacía mucho que los murngin habían establecido contacto regular con los europeos; por otro lado, aún tenían una sólida tradición oral, de modo que la gente conocía y podía contar los episodios protagonizados y sufridos por sus abuelos y bisabuelos. Mediante amplias entrevistas, Warner intentó reconstruir cómo eran las guerras entre los grupos aborígenes del territorio a finales del siglo XIX (antes de los primeros contactos), y llegó a la conclusión de que las incursiones y emboscadas crónicas de baja intensidad, en las que rara vez morían más de una o dos personas a la vez, explicaban no obstante la muerte –a lo largo del período de veinte años que estudió– de aproximadamente el 25 % de los hombres adultos en los diversos grupos que constituían la tribu murngin (con una población de unos tres mil individuos).[2] Sin embargo, la incipiente disciplina de la antropología prácticamente no le hizo caso: todavía reinaba Rousseau.

Gente feroz

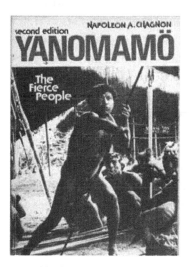

Reacción feroz: controvertido estudio de Chagnon

Por fin se inició el debate cuando en 1968 se publicó *Yanomamö: la última gran tribu,* estudio del antropólogo Napoleon Chagnon sobre la tribu yanomami, que vive en el sur de Venezuela y el norte de Brasil, en las cabeceras de los ríos Orinoco y Amazonas. Los yanomamis eran unos 25.000 individuos repartidos entre unas 250 aldeas que estaban continuamente en guerra entre sí. Desde el punto de vista técnico no eran cazadores-recolectores sino «horticultores», es decir, practicaban una forma de agricultura de tala y quema que cada tantos años los obligaba a desplazar sus aldeas. En cualquier caso, el tamaño del grupo permanecía más o menos igual (un promedio de noventa personas por asentamiento), como sus costumbres sociales, incluida la de la guerra.

Sus pueblos estaban fortificados, y entre los grupos había grandes zonas de protección, en algunos casos de hasta cincuenta kilómetros, seguramente porque los grupos incursores podían desplazarse lejos y rápido. Por otra parte, los yanomamis tendían a permanecer en las zonas centrales de su territorio, y solo en grupos numerosos se aventuraban hasta las regiones fronterizas, que dejaban prácticamente sin explotar. De vez en cuando eran destruidos pueblos enteros. Según cálculos de Chagnon, el número medio de víctimas de esta guerra crónica a lo largo de una generación equivalía al 24 % de los hombres y al 7 % de las mujeres.[3]

Las ideas de Chagnon adquirieron cierta relevancia, y su libro llegó a ser básico en los programas universitarios. No obstante, la noción de una tendencia intrínseca a la guerra en el hombre era una afrenta excesiva a las doctrinas de Rousseau y a los antropólogos que aún le tenían fe. Una dura reacción de la vieja guardia sirvió para que Chagnon fuera acusado de tergiversar o incluso inventar sus datos, por lo que durante un tiempo el gobierno de Venezuela le prohibió volver a visitar a los yanomamis. En 2012, siete años antes de su muerte, Chagnon fue rehabilitado en grado suficiente para ser admitido en la Academia Nacional de Ciencias de EE. UU.

El antropólogo Ernest Burch lo tuvo más fácil. En la década de 1960 llevó a cabo una investigación similar sobre la guerra entre los esquimales cazadores-recolectores del noroeste de Alaska. Las guerras habían terminado en gran medida una vez estos establecieron contacto con europeos y americanos unos noventa años antes, pero tras consultar registros históricos de recuerdos de hombres ancianos, llegó a la conclusión de que en la región solía haber al menos una guerra al año: entre grupos de inuits de la zona; contra otros inuits venidos de lejos; incluso contra indios atabascanos en lo que ahora es el Yukón. Las alianzas cambiaban continuamente, pues los grupos rivales intentaban tener superioridad numérica; por otro lado, el objetivo primordial de la guerra solía ser la aniquilación del adversario.

Los guerreros inuits llevaban una armadura corporal hecha de hueso o fragmentos de marfil entrelazados a modo de cota de malla bajo la vestimenta exterior. Por otra parte, grupos de incursores de hasta cincuenta hombres se desplazaban durante varios días para atacar a sus enemigos. De vez en cuando había batallas campales en que se enfrentaban entre sí filas de hombres, pero lo más habitual eran incursiones antes del alba en aldeas dormidas que a veces acababan siendo masacres en toda regla. Los hombres no eran hechos prisioneros a menos que se pensara en torturarlos primero y matarlos después y, por lo general, las mujeres y los niños no se salvaban. Una década antes, estos datos habrían suscitado una gran controversia, pero Burch no publicó sus conclusiones hasta 1974, y para entonces ya estaba todo claro.[4]

Guerras de chimpancés

Curiosamente, el último clavo en el ataúd de Rousseau fue otro estudio antropológico, pero de la primatóloga Jane Goodall. Mientras observaba un grupo de chimpancés en el Parque Nacional Gombe Stream, Tanzania, Goodall advirtió que su grupo le hacía la guerra al grupo vecino. Como los seres humanos comparten más del 99 % de su ADN con los chimpancés y han estado librando guerras constantemente casi en todas partes al menos desde la fase de cazadores-recolectores, parece probable que esta conducta, si nos remontamos a nuestro Último Antepasado Común, haya sido compartida por los linajes de los homínidos y los chimpancés desde hace más de cuatro millones de años.

Los enfrentamientos entre chimpancés eran aún más ajenos a la guerra civilizada que las «guerras» entre cazadores-recolectores humanos. Los chimpancés casi nunca usan armas (la ocasional rama de árbol, a lo mejor), y para un chimpancé no resulta fácil matar a otro

La dama y el chimpancé: Jane Goodall con David Greybeard, hacia 1965

con las manos desnudas. Entre grupos de chimpancés jamás se producen batallas campales; todas las muertes ocurren en emboscadas, en las que cierto número de chimpancés de un grupo se encuentra con un individuo aislado perteneciente a un grupo rival.

> Comenzó como una patrulla de fronteras. En un momento dado [...] localizaron a Goliath [un chimpancé anciano], al parecer escondido solo a 25 m. Los atacantes se precipitaron furiosos por la pendiente hacia su objetivo. Los recién llegados ululaban mientras urgían entre los árboles, y Goliath gritaba, y luego lo agarraron y lo apalearon, lo patearon, lo levantaron y lo dejaron caer, lo mordieron y saltaron sobre él [...] La agresión duró dieciocho minutos, y luego volvieron a casa [...] Sangrando abundantemente por la cabeza, con cortes en la espalda, Goliath trató de incorporarse pero cayó de nuevo, temblando. Tampoco se le volvió a ver.
>
> Richard Wrangham y Dale Peterson,
> *Demonic Males: Apes and the Origins of Human Violence*[5]

¿Era realmente una guerra? Bien, estos ataques no sucedían cada vez que una patrulla sorprendía a un miembro solitario de un grupo rival. Mientras avanzaban por el bosque, prestaban atención a los gritos de miembros del otro grupo para mantener el contacto, y solo atacaban si no había cerca integrantes de esa banda que pudieran acudir en ayuda de la víctima escogida. En tal caso, se retiraban discretamente y lo dejaban para otro día. Pero era un asunto de lo más serio. Pese a su extrema cautela y al hecho de que siempre se acababa matando a un chimpancé cada vez, había ocasiones en que eran eliminados definitivamente todos los machos de un grupo. A continuación, los machos victoriosos se apropiaban de las hembras supervivientes y mataban a los bebés que hubiera a fin de hacer sitio para los suyos.

Llevamos cincuenta años observando algunas bandas de chimpancés de este tipo, y de todas las estudiadas, esta guerra endémica provocó en última instancia la muerte de aproximadamente el 30 % de los machos adultos y el 5 % de las hembras. Los territorios controlados por grupos de chimpancés eran mucho más pequeños que los de las aldeas yanomamis –entre un grupo y otro había apenas cinco o seis kilómetros de distancia–, pero los chimpancés se pasaban casi todo el tiempo en el tercio central de su zona. El resto de la región era igualmente rico en recursos, pero lo consideraban «tierra de nadie» y solo lo visitaban en grupos grandes debido al peligro de sufrir emboscadas y morir a manos de un grupo vecino.[6]

Los cazadores-recolectores murngin, de la Tierra de Arnhem, los horticultores yanomamis de la Amazonia, los chimpancés de Gombe: estaban doblando las campanas por nuestras impresiones ante el modo de alinearse estos datos estadísticos. Todo indicaba un estilo bélico cuyas víctimas superaban cualquier cosa experimentada por las civilizaciones modernas y que, sin duda, era muy antiguo. Los arqueólogos recibieron el aviso de empezar a buscar pruebas de guerras en los registros fósiles humanos y de especies muy afines. Y no tardaron mucho en encontrarlas.

Descubrieron fósiles de *Homo erectus* de 750.000 años de antigüedad con señales de violencia causada por armas de estilo humano, como fracturas craneales deprimidas (quizá provocadas por garrotes) o marcas de cortes en huesos, lo cual sugiere excarnación y canibalismo. Por lo general, esas muertes requieren complejos rituales de purificación posteriores, y el canibalismo ritual suele ser uno de ellos. También encontraron fósiles de neandertales que tenían entre 40.000 y 100.000 años de antigüedad con heridas causadas por lanzas, una hoja de piedra alojada entre las costillas e incluso fosas comunes.[7]

Con solo mirar unos miles de años antes de la aparición de las primeras civilizaciones, hallaron escenas de matanzas masivas que solo podían estar relacionadas con la guerra, como las 27 personas masacradas en Nataruk, al oeste del lago Turkana, Kenia, hace unos 10.000 años. Eran hombres, mujeres y niños, en su mayoría apaleados o acuchillados hasta la muerte (aunque seis seguramente murieron asaeteados), cuyos cadáveres no fueron enterrados sino abandonados para que se pudrieran. Los medios de comunicación trataron el hallazgo como si fuera una revelación, pero era tan solo otro incidente entre decenas o cientos de miles de otros similares acaecidos en la larga prehistoria de la guerra entre seres humanos y entre homínidos. En resumidas cuentas, ¿qué deducimos de todo esto?

Dos condiciones

¿Llevamos la marca de Caín? ¿Estamos simplemente condenados a librar guerras cada vez más sanguinarias hasta nuestra destrucción total? No necesariamente. Sin embargo, sí es cierto que satisfacemos los dos requisitos para dar cuenta del comportamiento bélico de cualquier especie hacia otros miembros de su misma clase: que la especie sea depredadora y que *viva en grupos de tamaño variable*.

A lo largo de millones de años, nosotros y nuestros antepasados hemos sido cazadores, por lo que podemos matar fácilmente a otros seres humanos. De hecho, hemos sido capaces de matar incluso a animales de mayor tamaño durante al menos doscientos mil años, de modo que definitivamente nos encuadramos en la categoría de los «depredadores» (los chimpancés, que suelen cazar, atrapar y comerse a otros monos y animales pequeños, son los otros primates que figuran en esta categoría, así como también la otra especie de primates que hace la guerra).

A primera vista, «vivir en grupos de tamaño variable» es un requisito más desconcertante; sea como fuere, funciona así. Los depredadores solitarios casi nunca participan en enfrentamientos graves con otros miembros de su misma especie, pues en una pelea así hay más o menos un 50 % de posibilidades de morir, por lo que en términos evolutivos no merece la pena. En todo caso, la guerra es, por definición, una actividad grupal. No obstante, si todos estos grupos son de tamaño parecido y sus miembros permanecen unidos, la probabilidad de una batalla cara a cara es igualmente baja: serían más o menos parejos, habría muchos muertos y cualquier victoria sería pírrica.

En cambio, los grupos de tamaño variable, que a veces para buscar comida se dividen en grupos más pequeños o en individuos solos, ofrecen oportunidades para emboscadas en las que los atacantes tendrán mucha más ventaja. Por tanto, entre estos grupos son posibles las guerras de desgaste, y aunque las agresiones sean sobre todo oportunistas, pueden desembocar en el exterminio de todos los machos de uno de los grupos. Los leones se comportan así, igual que los lobos y las hienas, y desde luego los chimpancés y los seres humanos... todos ellos depredadores que viven en grupos de tamaño variable. Pero, ¿qué beneficios obtienen realmente de todo esto los grupos vencedores? ¿Qué ventaja evolutiva les concede?

El mundo nunca estuvo vacío, y la comida siempre escaseó. Con independencia de si el entorno es el desierto, la selva, la orilla del mar o la sabana, las especies tanto de depredadores como de presas tenderán a reproducirse hasta la capacidad de carga del medio, y un poco más. Los cazadores-recolectores humanos solían realizar infanticidios para controlar la natalidad, pero parece que, en general, la decisión de deshacerse de los bebés la tomaban unos padres agobiados, no era algo impuesto como política del grupo. Por otro lado, el infanticidio seguramente no ralentizó mucho el crecimiento de la población.

Si tu grupo está acercándose a la capacidad máxima de carga del entorno inmediato, basta una breve interrupción del suministro alimentario (por ejemplo, cambios en los patrones climáticos o en las rutas de migración de los animales) para ocasionar una crisis al instante, pues la mayor parte de los alimentos que se consumen no se pueden almacenar. En cuestión de semanas o meses todo el mundo tendrá hambre todo el tiempo, y como los seres humanos tienen el don de la previsión, saben lo que les espera a la mayoría si esto sigue así. Pero si tu grupo lleva tiempo matando sistemáticamente a la población masculina adulta del grupo vecino mediante emboscadas en serie, quizás ahora, para superar la crisis, se plantee la opción de ir a por todas y exterminar al resto de los vecinos masculinos y arrebatarles sus recursos alimentarios.

La evolución no está impulsada por el cálculo racional, y la guerra crónica omnipresente en nuestra prehistoria no estaba diseñada conscientemente como estrategia para garantizar la supervivencia de nuestro linaje genético. Pero para explicarla basta con suponer que siempre hubo cierto grado de competencia por los recursos entre grupos vecinos, incluso en épocas de bonanza, y que en los períodos malos ciertos grupos probablemente se vieran arrastrados hacia la violencia. Sea por razones culturales o genéticas, algunos grupos serán, al menos ligeramente, más agresivos que otros. Estos son los colectivos con más probabilidades de sobrevivir cuando escaseen los recursos, así como de transmitir tanto su cultura como sus genes a la generación siguiente. Si ponemos todos estos ingredientes a baja temperatura y removemos de vez en cuando durante unos centenares de generaciones, llegamos al drama del pueblo yanomami:

> Las comunidades [yanomami] viven en el bosque, entre comunidades vecinas de las que no se fían, ni pueden fiarse, del todo. Para la mayoría de los yanomamis, su guerra perpetua entre ellos es peligrosa y en última instancia reprobable, y si hubiera una fórmula mágica para ponerle fin, sin duda la aprobarían. Pero saben que no existe tal cosa. Saben que sus vecinos son los malos o que pronto pueden convertirse en los malos: traidores y enemigos declarados. A falta de plena confianza mutua, las comunidades yanomamis se relacionan mediante el comercio, los matrimonios mixtos, la creación formal de imperfectos tratados políticos –e infundiendo terror mediante una implacable predisposición a la venganza–.
>
> Wrangham y Peterson, *op. cit.*, 65[8]

Solo cambiando los nombres, esto serviría para explicar la relación entre las superpotencias durante el período anterior al inicio de la Primera Guerra Mundial, en 1914. Y si el desencadenante de la Primera Guerra Mundial –el asesinato del archiduque austríaco en una ciudad balcánica– parecía un motivo trivial para un acontecimiento de tales dimensiones, también las explicaciones que dan los yanomamis para justificar sus guerras parecen patéticas, incluso ridículas. De hecho, normalmente echan la culpa de los conflictos a las mujeres. Sin embargo, muchos siempre sospecharon que también había ahí algo más profundo.

Igualdad y guerra

Hasta ahora Rousseau ha sido un fracaso total como antropólogo de salón, pero tenía razón en algo. Y era algo muy importante: decía que los seres humanos precivilizados, sus buenos salvajes, vivieron gozando de libertad completa e igualdad absoluta. De hecho, esta es la razón principal de su gran popularidad: buscaba en el pasado precedentes de personas que quisieran hacer revoluciones en el presente, revoluciones gracias a las cuales las personas volverían a ser libres e iguales. Estaba conjeturando, pero la conjetura era muy buena.

> Todos los hombres quieren gobernar; pero si no pueden, prefieren seguir siendo iguales.
>
> Harold Schneider, antropólogo economista[9]

> Los tres grandes simios africanos, con los que compartimos el relativamente reciente Antepasado Común, son particularmente jerárquicos [...] pero hace más de doce mil años, los seres humanos eran en esencia igualitarios.
>
> Bruce Knauft, antropólogo cultural[10]

Para los interesados en las características de la naturaleza humana, el principal enigma es el hecho de que todas las sociedades de cazadores-recolectores y casi todas las sociedades horticultoras que conocemos eran igualitarias, al menos en lo referente a los hombres adultos. No solo algo igualitarias sino de forma profunda, incluso obsesiva, una preferencia cultural que sigue siendo visible incluso en sus descendientes, quienes llevan tiempo en contacto con las sociedades de masas de nuestra civilización. A lo mejor se acepta la autoridad de los ancianos en un debate, tal vez los cazadores más destacados se llevan las mejores partes de las piezas cobradas, pero ningún individuo por sí solo tiene la potestad de mando.

Esto es curioso ya que los imperios, las monarquías absolutas y las dictaduras que aparecen en nuestra historia escrita eran hasta hace poco sociedades sumamente jerárquicas, desiguales y opresoras, como lo son las pequeñas sociedades de nuestros parientes primates más cercanos, los otros grandes simios y concretamente los chimpancés, los más cercanos de todos. Las bandas de chimpancés son tiranías en las que el macho dominante impone su ley mediante espectaculares exhibiciones de furia frecuentemente acompañadas de ataques físicos contra los otros integrantes del grupo, ante lo cual estos suelen reaccionar con gestos de sumisión.

Vivir toda tu vida en un pequeño grupo regido por un déspota malhumorado no tiene ninguna gracia. Los machos subordinados, que solo pueden tener relaciones sexuales con las hembras de la banda cuando no está el jefe cerca, intentan continuamente formar alianzas para derrocar al macho dominante. Tarde o temprano alguna de estas conspiraciones tiene éxito, generalmente cuando el macho dirigente, debido a la edad o las heridas, va perdiendo su capacidad para asustar a los demás y lograr que lo obedezcan. Por desgracia para los chimpancés, de eso solo sale un nuevo jefe que se comporta prácticamente como el anterior. Nadie elegiría nacer chimpancé.

No podemos saber cuándo un sistema diferente de valores llegó a ser dominante entre los seres humanos, pero seguro que fue hace bastante tiempo, probablemente muchas decenas de miles de años, pues los valores igualitarios y las actitudes y costumbres sociales que los respaldan constituyen la norma en casi todas las culturas aborígenes que conocemos, desde el Ártico a los trópicos, en desiertos y bosques, en todos los continentes.

Según mi definición, una sociedad igualitaria es producto de una gran alianza, bien unida, de subordinados que con firmeza niegan el poder político a los aspirantes a macho alfa en su grupo.

Christopher Boehm, antropólogo evolutivo[11]

Los seres humanos se diferenciaban de los otros grandes simios en dos aspectos clave: eran más inteligentes y poseían lenguaje. La inteligencia les permitía determinar que sus posibilidades personales de emerger como «mandamás» en la constante lucha por el poder no eran muchas. Era mucho más probable, por indeseable que fuera, acabar al final del orden jerárquico, pasarse la vida siendo acosado y golpeado. Partiendo de ahí era relativamente fácil comprender que la solución consistía en derrocar al jefe e imponer la igualdad entre todos los machos adultos.

Un chimpancé listo tal vez captaría vagamente este concepto, pero no tendría lenguaje con el que expresarlo claramente siquiera para sí mismo, no digamos ya a los otros chimpancés dispuestos a sumarse a una conspiración con posibilidades de éxito. Los seres humanos sí disponían de lenguaje y eran capaces de unirse no solo para echar al déspota, sino también para acabar definitivamente con ese juego de dominación. Como es lógico, eso es lo que hicieron. Y no una vez, sino miles de veces en miles de grupos distintos, pues el ejemplo se propagó con rapidez.

Christopher Boehm fue el primero en articular esta idea, que denominó «jerarquía de dominación inversa». Su modelo no nos exige reinventar los seres humanos como una especie sin ambición ni envidia para explicar lo sucedido. Lo único que hace falta es una alianza de machos subordinados que aprovechen su superioridad numérica para disuadir a los machos alfa de tomar el control. Esto rara vez requiere el uso de la fuerza física. Un cazador kung del desierto de Kalahari le explicó así al antropólogo Richard Lee cómo funcionan los controles sociales:

Cuando un joven mata mucha carne, llega a imaginarse como un jefe o un gran hombre, y a considerar al resto como sirvientes o inferiores. No podemos aceptarlo [...] por lo que siempre hablamos de su carne como algo sin valor. De esta manera le enfriamos el corazón y lo volvemos apacible.[12]

Todos los grupos de cazadores-recolectores que los antropólogos han tenido oportunidad de estudiar eran férreamente igualitarios. Para un macho adulto, el peor crimen social era dar una orden a otro. Cuando hacía falta, las decisiones se tomaban mediante un proceso de discusión que podía durar días y desembocaba en un consenso que aún no era vinculante. Como las personas se casaban fuera del grupo, si detestaban de veras una decisión siempre podían marcharse e incorporarse al otro grupo, donde tenían parientes.

En los grupos aborígenes con una cultura relativamente intacta, se suele bajar los humos a las personas de éxito y talento. Los castigos por intentar ponerse uno por encima de los demás empiezan con la burla y van subiendo hasta el ostracismo y el exilio –y en el pasado, en casos extremos, la ejecución–. Los cazadores-recolectores de épocas remotas no eran cuidadores dulces y amables de la naturaleza, sino hombres fuertemente armados, diestros en acciones violentas, que libraban frecuentes combates contra grupos vecinos, pues la revolución igualitaria no eliminó las guerras. Si era preciso, para «defender la revolución» mataban (desde luego ellos no lo habrían expresado así), pero en cuanto se establecía de forma estable la «dominación inversa», ya no tenían que hacerlo muy a menudo.

¿Cuándo tuvo lugar esa revolución? Hace menos de 100.000 años, pues si los seres humanos hubieran tenido ya suficiente lenguaje para esta clase de sofisticadas confabulaciones antes del último período cálido interglacial (hace entre 131.000 y 114.000 años), seguramente por entonces habrían iniciado la agricultura, la civilización de masas y todo lo demás. En cuanto llegó el actual período interglacial empezaron enseguida, desde luego. Es improbable que ocurriera hace menos de 20.000 años, pues para consolidar firmemente los valores igualitarios en las culturas humanas (y quizá incluso en el genoma humano) de tal modo que hayan sobrevivido inalterados a milenios de tiranía universal, sin duda hizo falta mucho tiempo. Pero no podemos ser más precisos.

Familia de bosquimanos, 2017

Un subproducto notable de este gran cambio fue la institución de la familia humana. En un grupo donde todos los machos adultos son iguales, ya no existe un macho dominante que intente monopolizar el acceso sexual a las hembras conforme al estilo habitual de los primates. (¿La revolución se hizo en parte por esto? Probablemente sí.) La igualdad de género no formaba parte de la revolución, pero en lo sucesivo cada macho libre e igual seguramente acabaría con una hembra consorte en una relación más o menos estable y sabría, o al menos creemos que sabía, qué hijos eran los suyos. Y quizá incluso ayudaba a criarlos.

El gran cambio

Y así llegamos al borde de la revolución agrícola, hace diez mil años, como una especie transformada. Habíamos colonizado todas las partes habitables de la Tierra salvo algunas islas, como Madagascar o Nueva Zelanda, y probablemente éramos ya unos cuatro millones de personas, viviendo aún en aquellos pequeños grupos ancestrales. La guerra causaba continuamente estragos en aquellos grupos (excepto, tal vez, algunos que vivían en un magnífico aislamiento), pero los que sobrevivieron eran libres, estaban sanos en su mayoría, y quizá incluso se sentían felices. Luego se convirtieron en agricultores, y todo cambió.

Bueno, todo no. La guerra persistió.

Cómo funciona el combate

El reino de la incertidumbre

Un marine estadounidense
solitario en Vietnam (1966)

Como esto es una historia, pasaremos mucho rato en el pasado. Pero el pasado es un continuo que se desliza sin contratiempos hasta el presente, y cualquier intento de Gran Historia (aunque sea muy corta) es, al menos en parte, un intento por comprender el aquí y el ahora. En consecuencia, es útil recordar cómo ha funcionado la guerra en el presente –pongamos en los últimos cien años– antes de sumergirnos en otras épocas. De momento, da igual la estrategia o la tecnología; nos centraremos solo en las experiencias de la gente que luchó sobre el terreno.

> La guerra es el reino de la incertidumbre; tres cuartas partes de las cosas sobre las que se basa la acción bélica yacen ofuscadas en la bruma de una incertidumbre más o menos intensa.
>
> Karl von Clausewitz

Avanzábamos hacia la posición y debíamos cruzar un gran arrozal, y recuerdo que mandé a alguien por delante. Cuando me miró, hubo un momento de duda. «¿Se refiere a mí? ¿Lo dice en serio?» Y por la mirada que le dirigí, supo que lo decía en serio; y se marchó a atravesar el campo de arroz.

Empecé a mandarles cruzar de dos en dos, y no hubo ningún problema. Después hice avanzar mi fuerza entera. Cuando estábamos a medio camino, aparecieron por detrás, los VC [Viet Cong], escondidos en agujeros de araña, y sorprendieron a mi unidad en campo abierto.

La verdad es que tácticamente yo lo había hecho todo como se suponía que debía hacerse, aunque perdimos algunos soldados. Entonces, ¿cometí algún error? No lo sé. ¿Lo habría hecho de otra manera [en otro momento]? No lo creo, pues así es como fui entrenado. ¿Perdimos menos soldados al hacerlo de este modo? Es una pegunta a la que nunca podré responder.

Comandante Robert Ooley, Ejército de los
Estados Unidos de América

No existe una respuesta correcta. En el combate, los oficiales han de tomar decisiones deprisa, sin información suficiente, mientras otras personas (a las que en general no pueden ver) pretenden matarlos. Los que se equivocan suelen morir, y también algunos de los que aciertan. Lo mejor que se puede hacer es ceñirse a las reglas que anteriores generaciones de oficiales han ido destilando de la experiencia práctica, aun sabiendo que esas reglas no garantizan el éxito. En el mejor de los casos, inclinan un poco la balanza de probabilidades a tu favor.

El comandante Ooley había recibido formación en simulacros de combate cuya finalidad era reducir el riesgo de una sorpresa desagradable y limitar el daño sufrido si esta se producía. Las doctrinas tácticas son indispensables, pero nunca fiables del todo, pues no existe la certeza absoluta sobre dónde está el enemigo y qué está tramando. Ooley libró en Vietnam una larga guerra perdida, pero incluso en las guerras cortas y victoriosas, como las protagonizadas por el general Yossi Ben-Chanaan, es imposible evitar por completo los malos resultados.

Durante la guerra árabe-israelí de 1973, Ben-Chanaan estuvo al mando de una brigada de tanques israelí en los Altos del Golán. El sexto día de la guerra, cuando solo le quedaban ocho tanques, consiguió colocarse detrás del frente sirio.

[...] tan pronto llegamos a su parte trasera tomamos posiciones, y entonces todas sus posiciones quedaron expuestas. Abrimos fuego, y durante veinte minutos acabamos con todo aquel que pudiera vernos, pues allí estábamos muy bien colocados.

Decidí avanzar e intentar tomar aquella colina, pero debía dejar un par de tanques escondidos, así que ataqué con seis. [Los sirios] abrieron fuego desde el costado con misiles antitanque, y en cuestión de segundos tres de nuestros blindados quedaron destruidos. En el mío se produjo una gran explosión. Salí volando, y allí me quedé [...] También creo que el ataque en su conjunto fue un error.

El general Ben-Chanaan, como era el comandante, iba con la cabeza y los hombros por fuera de la torreta para ver mejor la situación. Si eres blanco de fuego de artillería o ametralladoras, es una posición peligrosísima, pero también es el mejor sitio donde estar si un misil antitanque penetra en el blindaje. Ben-Chanaan salió despedido de la torreta; su tripulación, en el interior del vehículo, murió abrasada. Aunque su ataque fracasó y murieron algunos de sus hombres, era un oficial competente. Los oficiales casi siempre han de aceptar cierto nivel de riesgo, pues, como las cosas pasan deprisa, no pueden esperar a que les llegue más información.

Las fuerzas armadas, con sus uniformes, sus rígidas jerarquías y su intolerancia general con respecto a las desviaciones de la norma, acaso parezcan excesivamente petrificadas e inflexibles en tiempo de paz, pero la paz no es su verdadero entorno de trabajo. En la batalla, el aparente sinsentido de las órdenes dadas y aceptadas en términos forzados, la absoluta obediencia a la persona de más alto rango que esté presente o la obligación de cada oficial de informar de su situación en este formato y no en este otro (cuando no supone ninguna ventaja hacerlo de una u otra manera), son de gran utilidad porque reducen la imprevisibilidad de una situación básicamente caótica.

Necesidad de las jerarquías

Incluso el aspecto más extraño de la organización militar, la distinción entre los oficiales –quienes toman las decisiones– y las tropas –quienes las llevan a cabo–, tiene sentido en esta situación singular. Todas las organizaciones militares se dividen en dos jerarquías de personas totalmente distintas que abarcan más o menos el mismo tramo de edad y a menudo, en los niveles subalternos, realizan prácticamente la misma labor. A los 20 años, a los oficiales del ejército se les pone al mando de hombres alistados mayores y con más experiencia. De hecho, un teniente segundo (alférez) de 20 años que acaba de cursar un año de formación como cadete tiene legalmente un rango superior al del suboficial de mayor rango del ejército, un sargento mayor (suboficial) que, por lo general, ha servido al menos dieciocho años antes de alcanzar esta categoría; por otro lado, todos los ejércitos ponen muchas dificultades para pasar de recluta a la casta militar.

La distinción entre oficiales y alistados tiene sus raíces en las estructuras sociales y políticas de un pasado lejano en el que los nobles mandaban y los plebeyos obedecían, si bien no la eliminaron ni siquiera Estados radicalmente igualitarios, como la Francia revolucionaria o la Rusia bolchevique. Había que preservarla, pues es deber de los oficiales utilizar las vidas de sus soldados para llevar a término los fines del Estado.

> [Con los soldados] has de mantenerte distante. La distancia entre el oficial y el recluta es útil. Se trata de una de las cosas más dolorosas, tener que reprimir tu afecto hacia ellos porque sabes que en alguna ocasión tendrás que destruirlos. Y lo haces. Los exprimes: son material. Y ser un buen oficial consiste en parte en saber a cuántos puedes consumir y aun así lograr el objetivo.
>
> Paul Fussell, oficial de infantería, Segunda Guerra Mundial

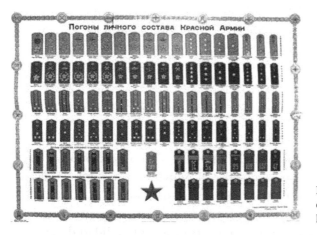

Marcas de hombro
del Ejército Rojo,
hacia 1943

Los oficiales son *gestores* de la violencia: salvo en las circunstancias más extremas, no usan armas directamente. Su función consiste en dirigir a quienes las llevan y hacer que las sigan llevando incluso hasta la muerte. Esto no quiere decir que no se preocupen por sus hombres, y desde luego no quiere decir que ellos eviten el peligro. De hecho, entre los oficiales las cifras de víctimas suelen ser proporcionalmente superiores a las de los soldados de tropa, sobre todo porque deben exponerse más a fin de motivar a los suyos. En los batallones de infantería británicos y norteamericanos de la Segunda Guerra Mundial, la proporción de bajas entre los oficiales fue aproximadamente el doble que entre los soldados rasos. Se han observado cifras parecidas en la mayoría de los otros ejércitos que, en los dos últimos siglos, han participado en combates importantes.[1]

Se me ocurrió contar el número de oficiales que habían servido en el batallón desde el día D. Hasta el 27 de marzo, el final del cruce del Rin [menos de diez meses] [...] advertí que habíamos tenido 55 oficiales al mando de los doce pelotones de fusileros, y que su servicio promedio en el batallón había durado 38 días [...] De ellos, el 53 % resultaron heridos, el 24 % cayeron muertos o murieron a causa de heridas, el 15 % quedaron inválidos y el 5 % sobrevivieron.

Coronel M. Lindsay, 1.er Gordon Highlanders[2]

El peculiar papel que deben desempeñar los oficiales también les da una perspectiva especial sobre cómo funciona el mundo.

Ética profesional

> La ética militar hace hincapié en la persistencia de la irracionalidad, la debilidad y el mal en los asuntos humanos. Subraya la supremacía de la sociedad sobre el individuo y la importancia del orden, la jerarquía y el reparto de funciones.
>
> Acepta que el Estado nacional es la forma superior de organización política y reconoce la crónica probabilidad de guerra entre los Estados nacionales [...] Exalta la obediencia como principal virtud de los militares [...] Es, en suma, realista y conservadora.
>
> Samuel Huntington[3]

La definición clásica de Huntington de la «mente militar» sería aplicable, en buena parte, incluso en el pasado lejano, si bien hoy en día los oficiales militares se han convertido en una profesión aparte y especializada.

¿Constituyen realmente una profesión en el sentido en que lo son las profesiones médicas o jurídicas? En la mayoría de los aspectos, sí. El cuerpo de oficiales es un organismo autorregulado de especialistas que decide quién puede incorporarse al mismo e incluso quién es ascendido (excepto en los niveles máximos, donde suelen predominar consideraciones políticas). La profesión militar es un proveedor monopolista y disfruta de ciertos privilegios especiales (como la jubilación anticipada) debido a las especiales exigencias que han de soportar sus miembros. Como los médicos o los abogados, los oficiales del ejército también defienden e impulsan una amplia gama de intereses corporativos. Sin embargo, hay una gran diferencia: lo que los soldados denominan la «responsabilidad ilimitada» de su contrato. Pocos contratos obligan al empleado a sacrificar la vida si se lo pide el patrón.

Los políticos quizá [...] pretendan que, desde el punto de vista ético, el soldado no está en unas condiciones diferentes a las de cualquier otro profesional. Sí lo está. Actúa conforme a una responsabilidad ilimitada, y es esta responsabilidad ilimitada lo que confiere dignidad a la profesión militar [...] También está el hecho de que la acción militar es acción grupal, sobre todo en los ejércitos [...] El éxito de los ejércitos depende en gran medida de la cohesión del grupo, y la cohesión del grupo depende de la seguridad de cada individuo en sí mismo y de la confianza entre ellos.

Lo que Arnold Toynbee denominaba «virtudes militares» –fortaleza, tenacidad, lealtad, valentía, etc.– son cualidades buenas en cualquier conjunto de hombres. Pero en la sociedad militar son necesidades funcionales, lo que es muy, pero que muy, diferente. A ver, un hombre puede ser hipócrita, petulante, falaz, corrupto en todos los sentidos, y aun así ser un brillante matemático o uno de los mejores pintores del mundo. Pero hay algo que no será jamás: un buen soldado, aviador o marino.

General sir John Hackett

Hay malos oficiales, naturalmente, pero es la falta de esas virtudes militares lo que los convierte en oficiales malos. Quienes han vivido algún tiempo entre oficiales militares sabrán que, aunque diversos en otros aspectos, constituyen un grupo de individuos extraordinariamente honrados y leales. Esta característica no se limita al cuerpo de oficiales: Stephen Bagnall, que en 1944, en Normandía, era soldado raso en la 2.ª División de East Lancashire, escribió en sus memorias sobre el estado de gracia que prevalece en medio del horror, por necesidad, entre los soldados de primera línea; sobre «la afable buena voluntad, casi alegría, que va en aumento hasta ser algo incongruente y casi increíblemente tangible a medida que te vas acercando al frente. Un primo que me escribió hace poco [...] decía: "Cuando más afectuosos y amables son los hombres es cuando están en acción". Esto no es solo cierto, sino también el principio y el fin de la cuestión».[4] Sin embargo, no es toda la verdad.

Guerra de Corea. Un soldado de infantería consuela a otro mientras un tercero rellena etiquetas de cadáveres, 25 de agosto de 1950

Gestión de las crisis

> Fui donde me dijeron que fuera e hice lo que me dijeron que hiciera, pero nada más. Estuve cagado de miedo casi todo el tiempo.
>
> James Jones, soldado raso de infantería de los EE. UU., Segunda Guerra Mundial

> Si la sangre fuera marrón, todos tendríamos medallas.
>
> Sargento canadiense, Europa noroccidental, 1944-1945

Durante la Segunda Guerra Mundial, el ejército de los EE. UU. utilizó cuestionarios para averiguar cómo afectaba el miedo a sus soldados en el campo de batalla. En una división de infantería en Francia, en agosto de 1944, dos tercios de los soldados admitieron que no habían sido capaces de llevar a cabo su tarea adecuadamente al menos una vez debido al miedo extremo, y más de dos quintas partes dijeron que eso había sucedido de forma reiterada.

En otra división de infantería, en el sur del Pacífico, se preguntó a más de dos mil soldados sobre los síntomas físicos del miedo:

el 84 % dijeron que les latía el corazón con fuerza, y más de tres quintas partes afirmaron que se estremecían o les temblaba todo el cuerpo. En torno a la mitad admitieron que se mareaban, de repente tenían un sudor frío y sentían náuseas. Más de una cuarta parte dijeron haber vomitado, y el 21 % declararon haberse cagado encima.[5] Estas cifras se basan solo en reconocimientos voluntarios, por lo que los verdaderos porcentajes seguramente son mayores en todas las categorías, sobre todo en las más embarazosas. El comentario de James Jones sobre «estar cagado de miedo» no era solo una expresión subida de tono.

He aquí la realidad con la que los oficiales deben lidiar en el combate; soldados cuyo entrenamiento y orgullo, e incluso su lealtad hacia sus íntimos amigos de alrededor, están en un inestable equilibrio con el terror físico y el desesperado deseo de no morir. Si este equilibrio se altera solo un poco, pueden convertirse en una multitud presa del pánico, por lo que los oficiales han de esforzarse mucho por mantenerlos activos. En guerras importantes de tiempos recientes, a la larga casi todo el mundo se desmorona; la clave está en impedir que esto les pase a todos a la vez.

En una batalla importante de antes del siglo xx, los muertos y los heridos solían equivaler al 40 o 50 % de los hombres involucrados. Casi nunca se bajaba del 20 %. Por tanto, si participaba en un par de batallas al año, el soldado de infantería tenía un 50 % de probabilidades de caer herido o muerto por cada año que la guerra continuara: una perspectiva muy desalentadora. Sin embargo, cada batalla duraba solo un día, y los otros 363 días del año normalmente los soldados no estaban en contacto estrecho con el enemigo. Quizá tenían frío o estaban mojados, cansados o hambrientos gran parte del tiempo, pero la mitad del año seguramente dormían bajo cubierto. La probabilidad de caer muertos o heridos durante el año se podía afrontar de la misma manera que otras personas afrontan la eventual certeza de la muerte: ignorándola. Las cosas ahora son muy diferentes.

Eso de «estar acostumbrado a combatir» no existe. Cada momento del combate impone tal tensión que los hombres se

vienen abajo directamente en función de la intensidad y la du-
ración del combate.

Investigación del ejército de los EE. UU. sobre los
efectos psicológicos del combate[6]

Desde el siglo xix, el número de víctimas en un solo día de batalla
ha bajado en picado: en los combates intensos de la Segunda Guerra
Mundial, las pérdidas diarias promedio de una fuerza del tamaño
de una división eran aproximadamente del 2 % de sus efectivos. El
problema es que en la actualidad las batallas pueden durar semanas,
y después de una batalla enseguida viene otra.

El índice de pérdidas acumuladas es más o menos el de antes, de
tal modo que los soldados de infantería afrontan una probabilidad del
50 % de morir o sufrir heridas graves en el espacio de un año, pero
el impacto psicológico del combate es muy distinto. Las tropas son
bombardeadas a diario, el enemigo siempre está cerca, y viven continuamente con la muerte alrededor. Esto merma inexorablemente la
confianza de los hombres en su supervivencia, y en última instancia
destruye el coraje y la voluntad de todo el mundo. «Al principio, tu coraje fluye con la fuerza máxima y después disminuye; quizá si eres muy
valiente mengua de forma imperceptible; pero en efecto mengua… y
no puede ser de otro modo», tal como escribió Stephen Bagnall.[7]

Durante la Segunda Guerra Mundial, el ejército de los EE. UU. llegó a la conclusión de que casi todos los soldados, si eludían la muerte
y las heridas, se desmoronaban una vez transcurridos entre 200 y 240
«días de combate». Los británicos, que rotaban más a menudo sus
tropas de la primera línea, calcularon que los días eran 400, pero admitieron que el hundimiento era inevitable. Solo en torno a la sexta
parte de las víctimas eran casos psiquiátricos, pero ello se debe a que
la mayoría de las tropas de combate no sobrevivían el tiempo suficiente para venirse abajo.

La trayectoria de los soldados de infantería de combate era la misma en cualquier ejército. En los primeros días de enfrentamientos,
experimentaban un miedo y una inquietud constantes (aunque intentaban disimular). En cuanto aprendían a diferenciar el fenómeno
realmente peligroso del combate de lo meramente atemorizante, su

confianza y su desempeño mejoraban paulatinamente. Al cabo de tres semanas estaban en su punto álgido, a partir del cual comenzaría el largo descenso.

Según informaron dos psiquiatras que en 1944 acompañaban a un batallón de infantería estadounidense, hacia la scxta semana de combates continuos la mayoría de los soldados estaban convencidos de la inevitabilidad de su propia muerte y ya no creían que su habilidad o su valentía fueran a cambiar nada. Seguían actuando durante unos meses con una efectividad cada vez menor, pero al final, si no caían muertos o heridos o se batían en retirada, el resultado era el mismo.

> En lo que les concernía a ellos, la situación era de total desesperación [...] Las discapacidades mentales llegaron a ser tan extremas que no se podía confiar en que [el soldado] transmitiera bien una orden verbal [...] Se quedaba casi todo el rato en su trinchera o cerca de ella, y durante las acciones intensas participaba poco o nada, y temblaba constantemente.
>
> S. Bagnall, *The Attack* (1947)

En ese momento aparecía «la mirada de los mil metros». La fase siguiente era la catatonia o la desorientación total y el desmoronamiento.[8] No obstante, como había un flujo constante de sustitutos de las bajas (incluidos los que sufrían «fatiga de combate»), colapsaron relativamente pocas unidades. Por tanto, la mayoría de las que en la guerra moderna están en un combate prolongado constituyen una mezcla incómoda de sustitutos inseguros o novatos, algunos veteranos (muchos de ellos cerca de la crisis) y una gran cantidad de soldados –cuantos más, mejor, según la opinión de la unidad– que se hallan todavía en la transición desde novatos a exhaustos.

Estas son las personas a las que un oficial debe «consumir» para que se haga el trabajo. Su estado mental fue descrito con elocuencia por S. L. A. Marshall, general de brigada del ejército de los EE. UU., veterano de la Primera Guerra Mundial e historiador de la Segunda Guerra Mundial y de la Guerra de Corea.

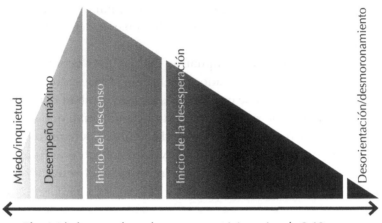

Efectividad en combate durante un servicio activo de 9-12 meses

Cada vez que uno evalúa las fuerzas en el campo de batalla ve que en general los hombres tienen miedo, pero también observa que normalmente son reacios a que su miedo se manifieste en acciones concretas que sus compañeros puedan calificar como cobardía. La mayoría de ellos no están dispuestos a asumir riesgos extraordinarios ni aspiran a ser héroes, pero tampoco tienen ganas de que los consideren los menos dignos de entre sus compañeros [...]

Las semillas del pánico siempre están presentes en las tropas en la medida en que están inmersas en peligro físico. El mantenimiento de la autodisciplina [...] depende del mantenimiento de una apariencia de disciplina en el seno de la unidad [...] Cuando otros hombres huyen, la presión social aumenta, y el soldado corriente reaccionará como si le hubieran relevado de su puesto, pues sabe que su fracaso personal pasará inadvertido en medio de la desbandada general.[9]

Por otro lado, hasta el final de la Segunda Guerra Mundial los ejércitos no fueron conscientes de que la mayoría de sus soldados, aunque no salieran huyendo, en realidad no estaban matando a nadie.

Entrenamiento básico

Aunque decenas de millones de hombres y cada vez más mujeres han entrado en combate, sigue habiendo en ello algo misterioso. Dar y recibir muerte no es una transacción normal.

> Los ejércitos plantean exigencias ajenas a la mayoría de las profesiones; por otro lado, desde luego hay personas emocionalmente trastornadas que hablan de preparación para matar [...] La esencia de ser un soldado no es matar sino acabar sacrificado. En vez de definirte como asesino, te ofreces para ir al matadero. Quizá no todo el mundo lo vea igual, pero da motivos para reflexionar.
>
> General sir John Hackett

Para el lego en la materia, la definición de Hackett de «la esencia de ser un soldado» suena ridículamente romántica; pero, como dice, estas palabras encierran motivos para la reflexión. Los soldados saben que pueden morir pero, abandonados a su suerte, la mayoría de ellos son muy reticentes a matar –y si matan, aunque sea en combate, muchos quedan profundamente afectados–.

> Piensas en ello y sabes que tendrás que matar pero no entiendes sus repercusiones, pues en la sociedad en la que has vivido el asesinato es el más atroz de los crímenes [...]
>
> Me sentía totalmente aterrado –petrificado–, pero sabía que había un francotirador japonés en una pequeña cabaña de pescadores cercana a la orilla [...] y no podía ir nadie más [...] así que corrí hacia la cabaña, entré por la fuerza y me encontré con una estancia vacía.
>
> Había una puerta, lo cual significaba que en esa otra habitación estaría el francotirador; e irrumpí a las bravas. Estaba totalmente atenazado por el miedo a que el hombre estuviera esperándome y me disparara. Pero resultó que llevaba puesto

el arnés de francotirador y no pudo volverse lo bastante rápido. Estaba enredado en su atuendo, y yo le disparé con una pistola calibre 45 y sentí arrepentimiento y vergüenza. Recuerdo haber susurrado como un tonto «lo siento», y luego simplemente vomité. Me vomité encima. Era una traición a todo lo que me habían enseñado de pequeño.

William Manchester

Cuando combatió en Okinawa en 1945, Manchester era un cabo de 23 años al que seguramente jamás se le había pasado por la cabeza la idea de matar a alguien hasta que cayó en manos del Cuerpo de Marines de los Estados Unidos de América. Lo que había hecho lo afligió, sin duda. Los burlones dirán que su problema era solo «sensibilidad moderna», señalando que sus antepasados de los siglos XVII y XVIII asistían a ejecuciones públicas para entretenerse. Y si los papeles hubieran estado intercambiados, insistirán, al francotirador japonés no le habría disgustado tanto matar a Manchester. No obstante, los ejércitos se toman el problema en serio.

«Somos reacios a admitir que la actividad de la guerra consiste en matar», escribió S. L. A. Marshall en 1947, si bien los ejércitos actuales son muy conscientes de que sus reclutas, en el mejor de los casos, matan con reticencia. Es por eso por lo que aíslan enseguida a los nuevos soldados durante un período que oscila entre seis y doce meses para llevar a cabo lo que denominan «entrenamiento básico», que tiene poco que ver con enseñarles a utilizar sus armas.

El entrenamiento básico es un proceso de conversión en el que se somete a los reclutas a un estrés físico y a una manipulación psicológica incesantes. El objetivo es suprimir su identidad civil y darles todo un conjunto nuevo de valores, lealtades y reflejos que los volverán soldados obedientes e incluso complacientes. Por lo general surte efecto, si bien la identidad civil solo queda sumergida, no erradicada. Manchester mató como soldado entrenado, pero luego reaccionó ante su acto como la persona que había sido antes.

«Se podría decir que les lavamos un poco el cerebro, supongo», dijo más de dos generaciones después un instructor de marines de los EE. UU. en Parris Island, la base de entrenamiento de los marines en la costa este, «pero son buenos chicos». Siempre han sido buenos chicos, pero hasta el final de la Segunda Guerra Mundial el ejército no se dio cuenta de que la mayoría de ellos seguían mostrándose reticentes a matar tras su preparación. Fue el mismo S. L. A. Marshall, a la sazón coronel con la función de historiador de combate, quien mediante entrevistas tras los combates a unidades de infantería norteamericanas en los teatros de operaciones tanto del Pacífico como europeo en 1944-1945, descubrió que solo una cuarta parte o menos de los soldados habían disparado su arma incluso en enfrentamientos intensos. No salieron huyendo pero, dijo Marshall, llegado el momento, fueron incapaces de matar.

Un nuevo recluta responde a instructores militares, Marine Corps Recruitment Depot, San Diego

¿Asesinos natos?

El hombre capaz de soportar las tensiones mentales y físicas del combate todavía conserva una resistencia interior y normalmente no materializada hacia matar a otro hombre como él, al que por propia voluntad no quitaría la vida si fuera posible eludir esta responsabilidad [...] En ese momento vital se vuelve objetor de conciencia.

S. L. A. Marshall, *Men Against Fire* (1947)

Esto causó gran sorpresa en el estamento militar, cuyos jefes siempre habían dado por sentado que la mayoría de los soldados, si no todos, dispararían contra el enemigo en combate, aunque solo fuera para proteger su propia vida. En todo caso, se tomaron el problema muy en serio y cambiaron el sistema de preparación de las tropas. Atrás quedaban los largos y herbosos polígonos de tiro con dianas al final; ahora los soldados disparaban sobre objetivos con forma humana que desaparecían si el soldado no tiraba en un par de segundos. Lo denominaban «establecimiento de vías reflejas».

También abordaron de formas más directas la aversión de los soldados a matar. En la década de 1960, los reclutas del Cuerpo de Marines gritaban «matar» cada vez que bajaban el pie izquierdo mientras corrían durante las sesiones matutinas de ejercicio físico. Al parecer, el adiestramiento surtía efecto. Ya en la Guerra de Corea, a principios de la década de 1950, Marshall informó de que la mitad de los hombres disparaban en combate, y a finales de la de 1960, en la Guerra del Vietnam, casi todos los soldados supuestamente disparaban sus armas durante situaciones apuradas de defensa perimetral.

Marshall dio por sentado que el problema había surgido durante la Segunda Guerra Mundial porque la mayoría de los soldados ya no eran supervisados directamente por sus oficiales y suboficiales en el campo de batalla. A lo largo de casi toda la historia, el escenario de la batalla estaba muy abarrotado. En una legión romana, en la cubierta de armas de un navío de línea del siglo XVIII o en un batallón de infantería de Napoleón, los hombres luchaban prácticamente codo con codo. Con respecto a eso, el hecho de que tantos otros estuvieran pasando por el mismo suplicio imponía una enorme presión moral a cada individuo para hacer su parte, y la presencia de los suboficiales significaba que cualquier intento de eludir las obligaciones sería castigado de inmediato, a veces con la muerte.

Incluso en las trincheras de la Gran Guerra, el soldado estaba rodeado de otros hombres y durante un ataque solía ver a toda su compañía. Sin embargo, en la Segunda Guerra Mundial la letalidad del fuego de artillería y de las ametralladoras obligaba a los soldados de infantería a dispersarse tanto que en realidad cada hombre estaba solo y pasaba inadvertido en su trinchera. En estas circunstancias de soledad, teorizaba Marshall, los soldados eran libres para no matar sin que les cayera encima castigo ni vergüenza –por lo que la mayoría hacían precisamente eso–, mientras los que disparaban ametralladoras y otras armas de manejo colectivo, observados por sus compañeros, seguían realizando su cometido como era de esperar.

Una repercusión lógica del descubrimiento de Marshall es que la reticencia a matar a otro ser humano es universal. Si los soldados alemanes y japoneses hubieran estado bastante más dispuestos a matar o bien por haber crecido en una cultura especialmente bélica, o bien por haber sufrido efectivamente un lavado de cerebro, habrían disfrutado de una inmensa superioridad gracias a la cantidad de fuego dirigido que producían, y habrían ganado todas las batallas libradas contra las tropas norteamericanas.

Desde un punto de vista humano, es algo bueno que la mayoría de las personas de cualquier nacionalidad o cultura muestren una firme objeción a matar a otras personas, y que lo eviten si es posible. Es menos alentador saber con qué facilidad, gracias a ciertos entrenamientos y condicionantes psicológicos elementales, pueden ser inducidas falazmente a hacerlo de todas formas. No obstante, a la muerte de Marshall tuvo lugar un importante esfuerzo académico por desacreditar sus hallazgos: sus métodos de investigación eran chapuceros, decían los críticos; el pensamiento ilusorio distorsionaba sus resultados; se los inventaba sin más.

En la crítica de sus métodos de investigación había cierta lógica, pero un efecto secundario de la controversia fue que se buscaran datos y pruebas del mismo comportamiento en otros lugares y otras épocas; y se encontraron. Se observó que, hacía más de un siglo, muchos soldados se habían negado calladamente a matar.

El 90 % de los 25.574 mosquetes recogidos tras la Batalla de Gettysburg (1863), durante la Guerra Civil de Estados Unidos, estaban cargados, lo cual carece de sentido si los soldados que los abandonaron, presumiblemente por haber caído muertos o heridos, los habían estado disparando inmediatamente después de cargarlos. De hecho, casi la mitad de los mosquetes –doce mil– habían sido cargados más de una vez, y seis mil tenían entre tres y diez cartuchos en el cañón pese a que, en ese estado, si se disparase el arma, explotaría. La única explicación racional es que muchos hombres de ambos bandos fueron incapaces de eludir el muy visible proceso de la carga, pero la acción de abrir fuego solo la fingieron. Y cabe suponer que muchos más cargaron y dispararon, en efecto, pero apuntaron alto.

Gabreski en la cabina de su P47 Thunderbolt tras su 28.º derribo
(julio de 1944)

Una exigua minoría de hombres parecen ser «asesinos natos» a los que no hace falta convencer. Esto no significa que sean asesinos en el sentido estricto, sino que no sienten la típica reticencia a matar cuando las circunstancias lo vuelven necesario e incluso loable. Por ejemplo, la Fuerza Aérea de los Estados Unidos observó que durante la Segunda Guerra Mundial menos del 1 % de los pilotos de cazas llegaron a ser «ases» (el término, con origen en la Primera Guerra Mundial, significaba que un piloto había derribado al menos cinco aparatos enemigos), y también que a esos pocos se les atribuía entre el 30 y el 40 % de los aviones enemigos abatidos. Paralelamente, la mayoría de los pilotos nunca derribaron a nadie. No hay pruebas de que fueran malos pilotos; lo más probable es que les faltara el instinto asesino.

«Parecían hormigas»

A medida que aumenta la distancia entre el dedo del gatillo y la diana, van disminuyendo las inhibiciones de quienes no son asesinos natos. Con 500 m es suficiente. Hein Severloh era un soldado raso de 20 años de la Wehrmacht, encargado de una ametralladora que dominaba la bahía de Omaha, Normandía, cuando el día D, 6 de junio de 1944, desembarcaron las tropas norteamericanas. Su búnker era uno de los pocos que habían sobrevivido a los bombardeos y al fuego naval aliados, y en su primer y último día de combate su ametralladora dio cuentas al menos de la mitad de los 4.184 estadounidenses que cayeron muertos o heridos frente al fortín. Estuvo nueve horas disparando, durante las cuales paró solo para cambiar los cañones del arma por estar sobrecalentados, masacrando a los soldados enemigos mientras salían de sus lanchas de desembarco en aguas poco profundas, a 500 m.

«A esa distancia parecían hormigas», decía Severloh, a quien lo que estaba haciendo no le producía malestar alguno. Pero, de pronto, un joven norteamericano que había escapado a la matanza recorrió la playa en un momento de calma en el combate, y Severloh cogió su fusil. El proyectil impactó en la frente del GI, con lo que el casco empezó a dar vueltas y el muchacho se desplomó muerto en la arena. Desde la distancia, Severloh alcanzó a ver la cara desfigurada. «Solo entonces me di cuenta de que había estado matando gente todo el rato», dijo. «Todavía sueño con ese soldado [en 2004]. Cuando pienso en ello, me siento mal».

Si 500 m de distancia procuran cierto grado de aislamiento con respecto a lo que las armas les hacen a los seres humanos, una distancia diez veces mayor los vuelve pura y totalmente invisibles.

Era como si toda la ciudad de Hamburgo estuviera en llamas de un extremo a otro y una enorme columna de humo estuviera elevándose muy por encima de nosotros [...] ¡y estábamos a 6.000 m!

Insertada en la oscuridad había una turbulenta cúpula de fuego rojo brillante, encendida e iluminada como un inmenso brasero. Yo no veía calles ni contornos de edificios, solo hogueras cada vez más luminosas que destellaban como antorchas amarillas con un trasfondo de escoria roja incandescente. Sobre la ciudad había una bruma roja vaporosa. Miré hacia abajo, fascinado pero consternado, satisfecho y a la vez horrorizado [...] En realidad, nuestro bombardeo fue como meter otra palada de carbón en el horno.

Tripulación de un avión de la RAF sobre
Hamburgo, 28 de julio de 1943[10]

Setenta y cinco años después, el piloto de bombarderos de la Segunda Guerra Mundial se ha convertido en «el miembro de la tripulación de combate» del Comando Aéreo Estratégico que dirige cursos por correspondencia para estudiantes de MBA que esperan la orden de lanzamiento del ICBM (Mísil Balístico Intercontinental), que por suerte nunca llega, o que el operador de drones mate sus «objetivos» en un vídeo desde miles de kilómetros de distancia.

Los pilotos de drones, ¿sueñan con ovejas que explotan?

Lo que de veras me gusta es la variedad de perspectivas a mi disposición. Practico un montón de deportes diferentes, y creo que no sale caro. Como apenas pago nada por el alquiler y las facturas, casi todo el dinero que gano es para mí. Hacer volar drones UAS [Vehículos Aéreos no Tripulados] es divertidísimo y nos coloca en el centro de todas las misiones en Afganistán.

Anuncio *online* de reclutamiento del ejército británico para «Gunner-unmanned Aerial Systems»[11]

El primer ataque armado con drones tuvo lugar en 2001, pero desde más o menos 2008 una tecnología muy mejorada ha propiciado una gran aceleración de estos ataques. En Afganistán, en 2019 hubo hasta 40 ataques al día, y la ONG Airwars estimó que, desde diciembre de 2020, el total de vidas perdidas debido al uso de drones en Siria, Irak, Yemen, Libia y Somalia ascendió a 55.506.[12] En la actualidad, la Fuerza Aérea de los Estados Unidos de América está preparando a más personas para manejar Vehículos Aéreos no Tripulados (VANT) que a pilotos de cazas y bombarderos sumados; por otro lado, la escala y el alcance geográfico de estas operaciones «antiterroristas» han reavivado el viejo debate sobre el estatus moral de quienes matan personas (muchas de ellas, civiles) desde el cielo.

Las numerosísimas víctimas (en torno al 50%, mortales) sufridas por las tripulaciones de bombarderos británicos, canadienses y norteamericanos que volaron sobre Alemania durante la Segunda Guerra Mundial los protegieron en buena medida de las críticas sobre la moralidad de sus acciones, pero, claro, los pilotos de drones no arriesgan la vida. Incluso desde dentro de las propias Fuerzas Armadas están planteándose cuestiones relativas a su categoría moral expresadas ante todo como preguntas sobre si merecen recibir el mismo honor y la misma consideración que las personas que sí participan directamente en los combates.

Aunque, para trabajar, los operadores de drones llevan trajes de vuelo (como ocurre en algunas fuerzas aéreas), los verdaderos «combatientes» no quieren que simples «ciberguerreros» devalúen la divisa del heroísmo que les otorga valor ante sus propios ojos y ante los de los demás. Una propuesta del Pentágono de 2013 de crear una «Medalla de Guerra Distinguida» específicamente para pilotos de drones, que sería superior a algunas condecoraciones norteamericanas por el valor en el combate, provocó indignación en organizaciones de veteranos y de las fuerzas armadas. El comandante nacional de la Legión Estadounidense, James E. Koutz, dijo que su organización «todavía cree que hay una diferencia fundamental entre quienes combaten por control remoto, o mediante ordenador, y quienes luchan contra un enemigo que está intentando matarlos».[13] Al cabo de dos meses, el secretario de Defensa suprimió la nueva medalla.

Entre los civiles, la preocupación es otra. Para ellos, esta tecnología «divina» que permite matar de forma invisible e invulnerable desde el cielo es moralmente inadmisible y da lugar a enormes abusos, en especial cuando las operaciones se llevan a cabo con gran sigilo. Desconfían con razón de entusiastas militares como el mariscal del Aire Greg Bagwell, antiguo subcomandante de la Royal Air Force, que pedía reclutar «a jóvenes de 18 y 19 años directamente sacados de su dormitorio y su PlayStation» para manejar las armas.[14] Pero, de hecho, los actuales pilotos de drones no son moralmente insensibles, al contrario: son muchísimo más conscientes de quiénes son sus víctimas y de qué les pasa exactamente de lo que lo eran los jóvenes que sobrevolaban Hamburgo en 1943.

La mayoría de los ataques actuales con drones se producen en el marco de operaciones «antiterroristas» y otras de carácter contrainsurgente en medio de sociedades civiles que no están movilizadas para la guerra. Tanto la moralidad básica como las doctrinas formales de la guerra contrainsurgente requieren que los ataques con drones contra pequeños grupos de insurgentes –y a menudo terroristas «individuales»– no originen víctimas en masa entre las personas inocentes de alrededor (incluyendo familia, amigos o vecinos de los individuos escogidos como diana). Por lo general, las operaciones con drones dedican horas o incluso días a observar la vida diaria de sus objetivos para poder, primero, confirmar su identidad con seguridad, y luego buscar el momento y el lugar idóneos para atacarlos sin poner en peligro la vida de los otros.

Esta es la teoría. En la práctica a veces no hay tanto esmero; de vez en cuando hay mucha premura de tiempo y se cometen muchos errores que cuestan vidas inocentes. De todos modos, los operadores de drones sí llegan a «conocer» a sus potenciales víctimas, incluso a sus familias, antes de que se lleve a cabo el asesinato. Quizá también se les exija merodear después por la zona para verificar que el objetivo fue alcanzado, ver quién asiste al entierro, etc. –por no hablar de los ataques «de doble golpe» que más tarde matan a los rescatadores y a los dolientes. La vida de los operadores jamás corre peligro; por otra parte, según investigaciones de la Escuela de Medicina Aeroespacial de la Fuerza Aérea de los Estados Unidos, estos operadores no son más propensos a sufrir TEPT (trastorno de estrés postraumático) que otros miembros del servicio que no hayan estado expuestos al combate: entre el 2 y el 5 %, no muy lejos de la prevalencia de doce meses de TEPT entre los civiles adultos norteamericanos. No obstante, muchos operadores de drones sí experimentan fuertes reacciones emocionales ante lo que han visto y hecho, y en el 11 % se observan niveles elevados de «angustia psicológica».[15]

En ciertos círculos médicos militares está ganando cada vez más terreno (frente a una resistencia considerable) el término «daño moral» para describir esta angustia. En un documento no publicado, un antiguo operador de drones relacionaba este fenómeno con la «intimidad cognitiva con el combate», un vínculo relacional forjado a través de la observación atenta de episodios violentos en alta resolución. En un pasaje, describía un escenario en el que un operador realizaba un ataque que mataba a un «facilitador de terroristas» pero dejaba indemne a su hijo. Después, «el niño se dirigió a los pedazos de su padre y se puso a colocarlos de nuevo para que tuvieran una forma humana» ante el horrorizado operador. Cuanto más observaban a sus objetivos en su vida cotidiana –vestirse, jugar con los niños–, mayor era el «riesgo de daño moral», concluía.[16]

En todas estas operaciones, los seres humanos todavía están presentes. Lo que preocupa de veras es lo que viene a continuación.

Las Armas Autónomas Letales [LAWS, por sus siglas en inglés; también «leyes»] de la guerra

Supongo que podríamos tener un ejército de 120.000 [en la década de 2030], de los que 30.000 quizá serían robots, ¿quién sabe?

General sir Nick Carter, jefe del Estado Mayor Británico
noviembre de 2020[17]

A las Fuerzas Armadas Británicas les está costando reclutar individuos suficientes incluso para llegar a su actual límite autorizado de 82.050 efectivos, por lo que cabe entender su interés en complementos no humanos. Casi todos los ejércitos de los países desarrollados afrontan un problema similar. Además, es posible programar «robots» para que en la batalla realicen tareas que costarían demasiadas vidas si tuvieran que hacerlas los seres humanos; y si caen «muertos» en gran número no provocan en su país la dura reacción política que suele acompañar a las víctimas humanas. Sin embargo, si el comportamiento de estos robots en el combate ha de ser supervisado por seres humanos, no hay ahorro de personal y sí una gran pérdida en el tiempo de respuesta. En concreto, las decisiones de matar o no matar hay que tomarlas en un instante.

La conclusión desagradable pero inevitable es que, para ser útiles en el combate, estos robots han de ser lo que se conoce como «Armas Autónomas Letales» (LAWS), libres para decidir por sí mismos si matar o no. Esto nos llevaría de lleno a un país «Terminator», donde nadie en su sano juicio querría ir. Mejor dicho, nadie querría ir allí si se plantea la opción así, aunque desde luego en la práctica no se expresa nunca de esta manera (y las armas en cuestión no se parecen en lo más mínimo a las de Arnold Schwarzenegger).

Ninguna de estas hipotéticas LAWS se hará realidad antes de que se realicen avances significativos en inteligencia artificial (el *software* de reconocimiento facial quizá nos vendrá muy bien, pero todavía hay pocos robots que sepan siquiera bailar). Será muy difícil diseñar robots armados que actúen de forma segura (desde su punto de vista) en los complejos campos de batalla creados por los ejércitos humanos, pero los espacios grandes, y en gran medida sin gobierno, que cobijan a extremistas o rebeldes ofrecerán tentadoras oportunidades para su despliegue rápido. Diez mil LAWS de ultimísima generación sin necesidad de pilotos de drones podrían perseguir y eliminar a insurgentes en las zonas rurales de un país del tamaño de Afganistán a un coste bastante razonable.

A cinco millones de dólares el dron LAWS de última tecnología fabricado en cadena, con un desembolso de capital de 50.000 millones de dólares repartido durante cinco años, es decir, con un gasto anual ordinario de 10.000 millones, se podrían comprar drones asesinos con cada uno de los cuales se cubriría un área de sesenta y tantos kilómetros cuadrados de las zonas rurales de Afganistán; o lo que es lo mismo, por solo una fracción del presupuesto de los EE. UU. dedicado a «financiar la guerra». Si se advierte cualquier señal de actividad insurgente, como portar un arma, el objetivo es atacado. Habrá daños colaterales, por supuesto, pero como aquí no estamos hablando de tus compatriotas, ¿hasta qué punto te importa dadas las deplorables alternativas políticas disponibles?

A lo mejor falta una década o algo más para tener una tecnología LAWS madura, pero a menos que haya un consenso internacional para prohibirla en un futuro relativamente cercano, acabará siendo una realidad. No hará falta que sean los Estados Unidos los que crucen el Rubicón: en cuanto una potencia importante adquiera la tecnología, sin duda las otras irán detrás.

Su impacto en las guerras a gran escala, de alta intensidad, quizá resulte moderado, pues en este tipo de contiendas los seres humanos que toman decisiones ya sufren pocas limitaciones en su libertad para matar, pero el efecto en las operaciones contrainsurgentes puede ser muy elevado. Las LAWS reducirían la presión política para poner fin a las «guerras interminables» en lugares como Afganistán o Somalia, y ciertos regímenes autocráticos crueles dispondrían de un instrumento nuevo y poderoso para aferrarse al poder de forma indefinida.

David Wreckham en un reparto de panfletos contra los robots asesinos frente al Parlamento británico en abril de 2019

Diversos tratados internacionales han prohibido el gas venenoso y las armas biológicas con cierto éxito, y otros acuerdos menos formales han eliminado en gran parte armamento pernicioso aunque no determinante, como las minas terrestres y las armas láser cegadoras. Las Armas Autónomas Letales aún no son inevitables. Una red de ONG liderada por la Campaña para Detener a los Robots Asesinos está trabajando desde 2013 para que las Naciones Unidas incluyan la prohibición de las LAWS en la agenda internacional. En el momento de escribir esto, 30 países han apoyado de forma explícita una prohibición así y otros 67 han manifestado un interés positivo en la misma.[18]

Pero estamos yendo demasiado deprisa.

3

La evolución de la batalla (3500-1500 a. C.)

Las primeras batallas

No sabemos cuándo se produjo la primera batalla entre verdaderos ejércitos, pero probablemente fue hace unos 5.500 años en Sumeria, en el actual Irak. Los ejércitos de aquella época portaban las mismas armas que los cazadores y guerreros llevaban milenios usando contra animales y entre sí –lanzas, cuchillos, hachas, quizás arcos y flechas–, pero eran diez o veinte veces más numerosos que cualquier grupo de cazadores-recolectores, y resistían y luchaban de veras, obedeciendo a un comandante único, al menos durante unos minutos. Los cazadores-recolectores jamás habrían hecho algo así; solo los agricultores eran suficientes en número y tenían el compromiso y la estructura social adecuada.

Sin embargo, es posible que hubiera una excepción muy temprana. En la década de 1950, unos arqueólogos descubrieron que Jericó había sido la primera ciudad amurallada del mundo hace más de 10.000 años, entre 8500 y 8000 a. C. Las murallas tenían más de 3,5 m de altura por casi 2 m de grosor, y había un foso excavado en la roca de 3 m de profundidad en su base que rodeaba un área de unos 40.000 m². Hasta 3.000 personas vivían dentro de las murallas, en cuyo centro había una torre de 7,5 m que seguramente servía de último refugio o para que se instalaran los residentes más importantes. Los muros eran bastante sofisticados para ser simples defensas contra inundaciones, y dan a entender que aquella debió de ser una sociedad militarizada, que defendía algo que otras personas querían lo suficiente como para atacarla. Este gran activo era el acuífero de Jericó, que derramaba su agua por una serie de terrazas naturales repartidas por los alrededores de la ciudad.

Las murallas de Jericó se levantaron al final de un período de 2.000 años en que, mientras seguían cazando animales salvajes, los cazadores-recolectores «natufienses» de aquella zona, en el Creciente Fértil, dedicaban cada vez más tiempo a recoger plantas silvestres. Sus asentamientos semipermanentes incluían pozos para almacenar grano, pero hacia 8500 a. C. la transición a unas condiciones climáticas más secas redujo de manera espectacular el número de asentamientos. La posterior escasez alimentaria quizá empujó a los natufienses a dejar de recolectar simplemente granos silvestres y pasar a sembrarlos adrede; por otro lado, esto tal vez provocase que las tribus hambrientas intentaran una o más veces tomar el control del acuífero de Jericó, pues quien controlara el acuífero seguiría teniendo agua y, por tanto, comida. Todo esto explicaría la existencia de esas murallas de 10.000 años de antigüedad, pero no se han descubierto pruebas de que, tras esa crisis, existieran otras ciudades amuralladas en el Creciente Fértil al menos durante otros tres mil años. Las verdaderas batallas estuvieron mucho tiempo en gestación.

La siguiente ciudad de la que tenemos conocimiento, casi mil años después y a casi mil kilómetros al norte de Jericó, es Çatal Hüyük, una comunidad de entre 5.000 y 7.000 personas que prosperó cerca de lo que ahora es Konya, sur de Turquía, entre 7100 y 5700 a. C. Las casas estaban construidas con una estructura parecida a un panal, sin calles ni callejuelas y con las entradas en lo alto de las paredes o en los tejados. No había defensas capaces de resistir siquiera un día el ataque de un ejército de verdad.

Había contenedores para almacenar trigo y cebada, por lo que ya habría en marcha algún tipo de agricultura, pero los pobladores dependían también de la caza y la recolección de plantas y frutas silvestres, así como de frutas de cáscara en el valle del río. Desde luego habían domesticado cabras, y según ciertos indicios también cuidaban ganado. La falta de viviendas grandes o de edificios ceremoniales da a entender que aún estaban en una sociedad igualitaria, y los ajuares funerarios indican que las mujeres gozaban de un estatus similar al de los hombres. En resumidas cuentas, la verdad es que parecían descendientes de grupos de cazadores-recolectores que decidieron seguir juntos y hacer una vida más sedentaria.

Esta es la era, entre 6000 y 4000 a. C., en que se domesticaron todos los «cultivos fundadores» y las cabras, las ovejas, los cerdos y las reses, si bien poca gente siguió el ejemplo de Çatal Hüyük en el sentido de crear «asentamientos protourbanos». La excepción fue Sumeria, en los humedales existentes a lo largo del Bajo Éufrates en lo que los griegos denominaron posteriormente Mesopotamia y ahora se llama Irak. Mesopotamia es una planicie anodina creada por el Tigris y el Éufrates, los dos ríos que drenan la mayor parte de la zona montañosa del Creciente Fértil. El suelo es asombrosamente feraz: las inundaciones dejaban puro limo. De esa tierra se podían sacar fácilmente dos cosechas al año, pero las personas que se instalaron en Sumeria no eran agricultores a tiempo completo.

El último tramo del Bajo Éufrates era un paraíso para los cazadores-recolectores: el Jardín del Edén, si se quiere. En aquel tiempo era un territorio riquísimo y muy variado en cuanto a fuentes alimentarias, lo cual permitió que poblaciones densas de cazadores-recolectores convencionales vivieran juntas mientras conservaban su estilo de vida tradicional: pescar peces y moluscos, cazar ciervos y aves migratorias, recoger plantas silvestres y practicar aparte un poco de agricultura de escaso impacto –simplemente esparcir semillas en zonas que sabes que el río inundará, y esperar a que crezcan en el fecundo limo que queda cuando el agua recula–.

Los primeros pobladores de Sumeria hablaban básicamente la misma lengua, pero crearon al menos una docena de asentamientos que hacia el cuarto milenio antes de Cristo se convertirían en pequeñas ciudades-Estado. En todo caso, las guerras no eran frecuentes ni cruentas, pues los sumerios dieron con la estrategia de usar la religión como instrumento no militar de autoridad para resolver conflictos. No tenían reyes ni líderes seculares permanentes, pero sí contaban con sacerdotes del templo cuya función, aparte de complacer a los dioses, era solucionar disputas de manera pacífica no solo entre los residentes locales sino también con comunidades vecinas. Sus guerras ocasionales se libraban conforme al clásico estilo de los cazadores-recolectores, y sus ciudades amuralladas (si las había; no hay pruebas de su existencia) habrían servido para desalentar las incursiones. Sea como fuere, las murallas fortificadas realmente grandes no empezaron a levantarse hasta mucho después.

Los sacerdotes del templo procuraron a Sumeria cinco, quizá diez, siglos de paz relativa, si bien a la larga el crecimiento demográfico volvió inevitables los conflictos entre las ciudades. En estos nuevos asentamientos, la población aumentaba porque las mujeres ya no tenían por qué limitar su maternidad a un bebé superviviente cada cuatro años (las madres nómadas no pueden llevar a cuestas dos niños pequeños). Cuando sobrevino otro período climático seco hacia 3500 a. C. y menguaron los recursos alimentarios, la gente tuvo que recurrir a la agricultura –de todos modos, las tierras de cultivo buenas escaseaban cada vez más porque los ríos no se desbordaban hasta la misma altura ni durante tanto tiempo. Las ciudades –separadas por dos o tres días de caminata– comenzaron a luchar por ello, y hacia 3200 a. C. se levantaron murallas alrededor de la mayor ciudad del mundo, Uruk (de entre 25.000 y 50.000 habitantes). Pronto estuvieron también amuralladas ciudades como Kish, Nippur, Lagash, Eridu y Ur.

Este nuevo estilo urbano ofrecía a los individuos listos o afortunados montones de oportunidades para acumular propiedad de diferentes clases, incluyendo tierra, y empezó a abrirse una brecha entre los ricos y el resto. Ahora algunas personas eran mucho más iguales que otras, y el resto tenía que aguantarse.

Sin embargo, para un grupo había una alternativa.

Una nueva forma de vivir

Casi seguro que fueron las comunidades asentadas las que empezaron a domesticar ovejas, cabras y vacas y que, por otro lado, estos animales amansados crearon la posibilidad de un estilo de vida nuevo y distinto: el pastoreo. La gente pudo recuperar su independencia cuidando de animales domesticados y aprovechando su carne, su piel, su leche y su sangre para sustentar una forma de vida totalmente independiente. A algunos esta opción les habría tentado muchísimo, pues en las sociedades agrícolas los valores y las tradiciones de los hombres y las mujeres libres se habían debilitado muy deprisa.

En general, hubo que aceptar las reglas nuevas, pero las personas que atendían a los animales tenían una opción. En cualquier caso, vivían en los márgenes de la comunidad agrícola, impidiendo que los animales se comieran las cosechas o las pisotearan, y en primavera desaparecían sistemáticamente en las tierras altas en busca de pastos frescos. En un momento dado, a lo mejor a los pastores se les ocurrió que no tenían por qué regresar.

El pastoreo es una vida dura, no cuenta con un techo bajo el que cobijarse ni demasiadas posesiones materiales, pero seguramente atrajo a quienes no les gustaba lo que pasaba en las comunidades asentadas. Durante el cuarto y tercer milenios antes de Cristo, en todo Oriente Medio nacieron sociedades pastoriles. Los «nómadas», como eran conocidos, siempre fueron muchos menos que los agricultores y, en lo referente a la tecnología –incluyendo las armas de metal–, dependían de las sociedades asentadas. Pero aquello constituía una alternativa viable al ajetreado estilo de vida agrario, y desde el principio los nómadas mostraron un profundo desdén hacia las comunidades estables.

Es probable que esos pastores empezasen pronto a robarse unos a otros los rebaños, aunque una posibilidad más atractiva quizá fuese la de robarles los animales a los agricultores, y, ya de paso, las demás cosas valiosas que tuvieran –y que ellos no tenían–. Era tentador, y fácil.

Los nómadas aún no tenían caballos, pero incluso a pie se movían con más facilidad que los campesinos. Como los animales se desplazaban con ellos, eran capaces de concentrar en poco tiempo toda su fuerza de combate contra un objetivo señalado. Los agricultores no podían hacerlo, por lo que eran los nómadas los que en general eran más numerosos en el lugar elegido del día adecuado. Su *modus operandi* era una incursión por sorpresa seguida de una retirada rápida a las tierras altas con el botín; y como no podían replegarse muy deprisa a pie con todos sus animales, tomaban medidas para desalentar la persecución. Las medidas obvias eran el terror, la atrocidad y la masacre.

¿Nómadas despiadados?

Por lo general, los enfrentamientos entre grupos que reconocen su humanidad común están restringidos por la costumbre y el ritual, mientras que los mismos grupos enfocan la caza de animales salvajes con una actitud más cruelmente pragmática: engañar al animal y luego matarlo. La relación psicológica entre los nómadas y los campesinos era parecida: las personas asentadas eran consideradas seres inferiores, no humanas del todo. Como víctimas de los depredadores nómadas, podían ser atacadas sin remordimiento, de modo que la historia de los ataques de los nómadas a los agricultores está llena de una crueldad implacable y de un odio profundo.

Esta podría ser otra justificación de las murallas. Unos cuantos ataques aterradores dieron pie a que se produjera una ola de construcción de murallas entre las comunidades campesinas, así como una creciente militarización. De hecho, según algunos historiadores esas incursiones fueron el principal factor tras la creciente intensidad de la guerra entre comunidades asentadas, pues los campesinos incorporaron poco a poco la crueldad de los nómadas a sus propios conflictos.[2]

Para quienes combatían contra los nómadas, el castigo por perder era quedarse casi sin nada. Por tanto, cabe imaginar un aumento gradual de la disciplina requerida al guerrero individual y del control ejercido por el comandante, y que en consecuencia estos cambios supusieran más éxitos en la batalla. Contra los atacantes nómadas, estas formas nuevas y más eficientes de lucha resultaron indispensables, pero, una vez la gente las hubiera asimilado, ¿volvería a los métodos viejos e ineficientes en las cada vez más frecuentes guerras con comunidades campesinas rivales? Desde luego que no. Por eso empezó a aumentar la letalidad en las batallas.

Matanza organizada

Meriones dejó sin vida a Fereclo [...] lo alanceó en la nalga derecha; y la punta, pasando por debajo del hueso y cerca de la vejiga, salió al otro lado. El guerrero cayó de hinojos, gimiendo, y la muerte lo envolvió.

Meges hizo perecer a Pedeo [...] fue a clavarle la puntiaguda lanza, y el hierro cortó la lengua y asomó por los dientes del guerrero. Pedeo cayó en el polvo y mordió el frío bronce.

Eurípilo Evemónida dio muerte al divino Hipsenor [...] el cual poniendo mano a la espada, de un tajo en el hombro le cercenó el robusto brazo, que ensangrentado cayó al suelo. La púrpura muerte y el hado cruel velaron los ojos del troyano.

Así se portaban estos en el reñido combate.

Homero, *La Ilíada*[3]

La batalla bajo las murallas de Troya, como se describe antes, en realidad tuvo lugar hacia 1200 a. C., pero Homero compuso su poema épico hacia 800 a. C. Homero sigue las convenciones de su cultura y describe la batalla haciendo referencia a combates individuales entre héroes concretos, si bien no es esto lo que pasaba realmente en la práctica. Esta era la guerra de las falanges de infantería –los primeros ejércitos de verdad–, y en efecto era un enfrentamiento intenso.

Los hombres de una falange de infantería hacen algo que nunca antes se ha pedido a nadie. Provistos de lanzas y escudos, deben formar tres o más hileras rectas de centenares o miles de hombres de longitud. Y han de permanecer en esta formación pese a los baches y hondonadas del terreno, hasta establecer contacto con el enemigo, que está dispuesto de una manera igualmente rígida; y en cuanto las dos falanges chocan deben empujar y acuchillar, de modo que las vanguardias de ambas formaciones se erosionan por momentos a medida que los hombres van cayendo, hasta que un bando es presa del pánico y trata de retirarse. Sin embargo, como hay otras filas detrás que aún no se han asustado y siguen presionando hacia delante, se desmorona la cohesión de la formación que va perdiendo. Una vez pasa esto, es el fin: los hombres que intentan escapar se ven atrapados en sus propias filas mientras desde atrás los matan.

Lo que describe Homero es esta fase última y más horrible de la batalla, donde los «héroes» son abatidos desde atrás al intentar huir. Los sublimes versos de los «guerreros» marcan el tono épico, pero en realidad lo que hay son unos jóvenes aterrados que corren para salvar la vida, sin éxito. Eran matanzas despiadadas, intencionadas, de una escala sin precedentes, que comenzaron no en la época en que vivió Homero ni cuando escribió su gran poema, sino un milenio antes en las ciudades-Estado rivales de Mesopotamia.

Detalle de la *Estela de los Buitres*, hacia 2500 a. C.

Se puede ver una falange en la *Estela de los Buitres*, la primera representación de un ejército mesopotámico, que se remonta más o menos a 2500 a. C. Eannatum, el gobernante de Lagash, dirige a su ejército hacia la batalla, y tras él van los soldados de la ciudad, codo con codo, los escudos superpuestos, varias filas de fondo, las lanzas de todas las hileras erizadas por delante de la formación. Casi seguro que marchan al unísono. Cuando se encuentran con la formación enemiga, procedente de la vecina ciudad de Umma, hay una breve pero brutal pelea cara a cara, que sin duda no dura más de cinco minutos, seguida de la masacre de la falange que se ha roto primero. Según la *Estela de los Buitres*, en el campo de batalla murieron 3.000 hombres del ejército de Umma –y los que cayeron prisioneros tuvieron que marchar hasta el pie de las murallas de su propia ciudad, donde fueron masacrados.

Más gente, más ciudades, más guerras

La disposición de un gran número de hombres a mantenerse firmes, sin ceder terreno, pese a la elevada probabilidad de morir en los próximos cinco minutos no tiene precedentes en el largo pasado de los seres humanos, los primates e incluso los mamíferos. Para encontrar algo equivalente, hemos de ir a las batallas libradas entre colonias de hormigas, pero al menos las hormigas tienen la excusa de su legado genético común. Los ataques de los nómadas acaso hayan sido responsables de la tendencia general hacia una mayor crueldad en la guerra, pero de ahí no se deducen la disciplina y la valentía asombrosas de las falanges de las ciudades-Estado.

La saga de Gilgamesh, gobernante de la ciudad-Estado de Uruk en torno a 2700 a. C., quizá nos revele parte de este proceso. Comienza a haber historia escrita, de modo que al menos contamos con algunos nombres, fechas y relatos y, a la vez, el primer plano es ocupado por el héroe Gilgamesh, que se convierte en el hombre importante (*lugal*) o rey de Uruk. La epopeya es la habitual historia de búsqueda –Gilgamesh busca la vida eterna– combinada con algunas representaciones encriptadas de la política local de Uruk en el siglo XXVII a. C. Leyendo entre líneas, parece probable que ese rey socavara las bases de las viejas instituciones participativas de Uruk –una asamblea de ancianos parecida a un senado y un órgano general de todos los hombres adultos– y las pusiera al servicio de sus propios fines. Aprovechando un enfrentamiento con Kish y usando una combinación de retórica y amenazas, Gilgamesh convenció a esas asambleas de que aceptaran su ascendencia sobre la ciudad. Sin embargo, incluso después de alcanzar el poder, Gilgamesh no llegó a ser un monarca absoluto: debía tener a la gente de su lado, y la mayoría seguramente seguía considerándose no meros súbditos sino ciudadanos de pleno derecho. Gilgamesh no podía darles órdenes.

La epopeya tal vez sea una instantánea de una etapa de transición. Ahora la propiedad y la clase social situaban a unos individuos por encima de otros, pero el mito de la igualdad perduraba en la asamblea de los hombres adultos. Salvando los dos mil años de diferencias tecnológicas y culturales, las ciudades-Estado de los comienzos de Sumeria fueron las ciudades-Estado griegas de la era clásica temprana: en general, al final los ricos y la gente de buena cuna se salieron con la suya, pero aun así había que respetar las convenciones del consenso y la consulta pública en asambleas de todos los ciudadanos capaces de portar armas.[4] Quizá lo que propició la creación de las falanges fue esta precaria supervivencia de los valores igualitarios, pues si toda la población masculina adulta se sentía implicada en la decisión de ir a la guerra, entonces era posible exigir legítimamente a todos que siguieran hasta el final y arriesgaran su vida.

La falange era un instrumento militar tremendamente efectivo, y además barato. Sus soldados se entrenaban una tarde a la semana en el uso de simples escudos y lanzas con eficacia y en el desplazamiento en formación cerrada. El único gasto significativo de su equipo eran las puntas de bronce de las lanzas, si bien los miembros más acomodados de la comunidad lucían también cascos de bronce y espinilleras. Se trata de uno de los chollos militares más efectivos de la historia: una fuerza militar realmente efectiva, imposible de parar si no lo hacía otra falange, por una bagatela.

A medida que fueron pasando los siglos y en las ciudades sumerias se fueron consolidando las tiranías, el estilo bélico de las falanges se debilitó y se desvaneció, pues los monarcas absolutos preferían librar batallas con ejércitos permanentes de mercenarios, dejando a la ciudadanía desarmada, sin preparación y políticamente inerte. Hacia el final del tercer milenio, las falanges prácticamente habían desaparecido de los campos de batalla de Mesopotamia. Sin embargo, los combates persistieron.

Las trece ciudades-Estado de la antigua Sumeria existieron durante muchos siglos en un contexto de continuas guerras calientes y frías con sus vecinos. Sin darse cuenta, habían asumido un sistema de equilibrio de poder en el que sobrevivían la mayoría de los actores, si bien a un alto precio. Si estabas en el bando perdedor, esperabas hasta que alguno de los otros participantes se inquietara por la fuerza creciente de los ganadores y se cambiara de bando para contrarrestar ese poder. Los yanomamis lo entenderían; era lo mismo que les pasaba a ellos pero a una escala mucho mayor.

Este sistema de equilibrio de poder produce guerras frecuentes, pero ha durado, con escasas interrupciones, cinco mil años. Fue el principio organizativo en las rivalidades globales de las grandes potencias de principios del siglo xx, al igual que lo había sido en las disputas locales de las ciudades-Estado sumerias. Las alianzas cambiaban, pero las guerras eran una constante: desde 1800, Reino Unido y Francia, Francia y Alemania, los Estados Unidos y Reino Unido han sido tanto enemigos como aliados. Kish, Shurupak, Ur, Nippur y Lagash eran sin duda igual de volubles en sus lealtades, pero no conocemos los detalles de su juego local. Por otro lado, aunque la gente se decía a sí misma que la guerra se basaba en algo concreto –la Guerra de Sucesión Española, la Guerra del Asiento–, en realidad las guerras eran provocadas por el propio sistema.

En el período 1800-1945, los Estados-nación modernos entraron en guerra, por término medio, una vez por generación, y estuvieron enfrentados aproximadamente un año de cada cinco durante todo el período. En virtud de la soberanía de las naciones, cada país es el único responsable de su supervivencia, que se puede garantizar solo teniendo capacidad militar suficiente, por lo general obtenida gracias a alianzas con otros países. En todo caso, tarde o temprano te irá mal –tus aliados te traicionarán, tus fuerzas estarán en el sitio equivocado–, razón por la cual al menos el 90 % de los Estados que hayan existido en la historia han quedado destruidos por la guerra.

Así pues, ¿qué pasó con el conflicto representado y descrito en la *Estela de los Buitres* –entre Lagash y Umma, cuyas falanges se enfrentaron en algún momento en torno a 2500 a. C., debido a lo cual acabaron muertos en el campo de batalla 3.000 hombres de Umma? Las dos ciudades-Estado estaban intentando establecer su hegemonía en toda Sumeria, y la ventaja estratégica fue de un lado a otro durante ciento cincuenta años mientras se ganaban y se perdían batallas y los aliados cambiaban de bando una y otra vez. Al final ganó el ejército de Umma, que tras saquear la ciudad de Lagash y desvalijar su templo, dominó Sumeria durante unos años. Tiempo después, también Umma fue conquistada por un fenómeno nuevo: el primer imperio militar del mundo.

El primer imperio militar

Sargón el Grande, rey de Acad, soy yo,
el que Viaja por las Cuatro Tierras

A mediados de la década de 2300 a. C., unos recién llegados que hablaban lenguas semíticas se desplazaban desde la zona del Mediterráneo oriental ocupada hoy en día por Siria, Líbano, Jordania e Israel hasta las fértiles llanuras mesopotámicas y estableciendo sus propias ciudades, pero Sargón, aunque de origen semítico, había crecido en la antigua ciudad sumeria de Kish. Llegaría a ser copero del rey Ur-Zababa antes de tomar el poder en un golpe de Estado del que seguimos desconociendo los detalles. Conquistó Uruk, las otras

Escitas disparando con arcos compuestos, Kerch, Crimea, siglo IV a. C.

ciudades de Sumeria, y luego los reinos montañosos de Elam, Mari y Ebla. Nombró gobernadores, instaló guarniciones permanentes, elaboró listas de contribuyentes en cada nueva provincia conquistada, y creó una burocracia centralizada que controlaría desde su recién construida capital, Acad. Era el primer imperio multinacional del mundo.

El ejército de Sargón era una fuerza profesional y multiétnica de un tamaño considerable: en una de sus inscripciones alardea de que 5.400 hombres comían a diario en su presencia. Fue el primer ejército capaz de realizar campañas lejos de casa, pues contaba con una cadena logística que le hacía llegar suministros desde la retaguardia. Podía capturar ciudades profusamente fortificadas debilitando las murallas o superándolas por arriba mediante escaleras de asedio.

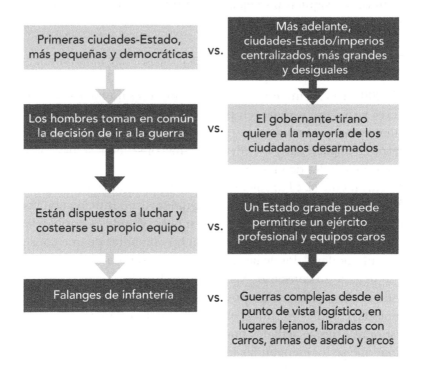

Los soldados de Sargon seguramente no lucharon nunca en una formación de falange clásica, pues esto habría supuesto desperdiciar sus destrezas especiales. Aquellos hombres disponían del tiempo y la capacidad para dominar no solo la lanza sino también el arco compuesto, una reciente innovación que se mantendría durante miles de años como la mejor arma de proyectil. Podían combatir incluso desde carros de guerra. El ejército de Sargón vencía casi siempre.

Sargón de Acad fue el modelo de Alejandro, Napoleón o Hitler: un hombre que se propuso conquistar el mundo, o al menos las partes del mismo que parecían importantes en aquel entonces. Sus propagandistas presumían de que su imperio se extendía «desde el mar Inferior al mar Superior» (desde el Golfo al Mediterráneo), aunque solo lo mantenía unido el poder militar. Cuando el ejército tenía que atender un enfrentamiento alejado, las ciudades y provincias conquistadas se rebelaban, y a la larga los sucesores de Sargón se fueron desgastando debido al incesante esfuerzo por preservar el imperio. En 2159 a. C. fue destruida la propia ciudad de Acad. En cualquier caso, otros imperios siguieron su ejemplo en una serie interminable.

Sociedad hormiguero

Hacia 2000 a. C., la inmensa mayoría de los seres humanos cultivaban la tierra y casi todos vivían en países que eran exageradamente desiguales, con reyes semidivinos en lo más alto y una masa de siervos y esclavos en la parte inferior. ¿Era esta una consecuencia inevitable de vivir en sociedades de masas?

Seguramente sí. El problema de las cifras era insoluble, y seguiría siéndolo durante mucho tiempo. El igualitarismo funciona en las sociedades pequeñas, donde todos se conocen, donde es posible detectar y neutralizar a los aspirantes a macho alfa antes de que consigan demasiado poder, y donde las decisiones se discuten cara a cara hasta que se llega a un consenso. Nada de esto funciona si el nuevo estilo de vida requiere vivir en grupos mucho mayores. Ciertas herramientas nuevas, como la escritura, el dinero o la burocracia, contribuyen a gestionar estas sociedades nuevas y de mayor tamaño, pero es imposible que se mantengan las formas políticas tradicionales. Lo que vale en una sociedad de cuarenta personas no puede valer en una de cuarenta mil, no digamos ya de cuatro millones. A menos que surja alguna innovación que permita a un número grande de personas tomar decisiones conjuntas, el viejo sistema político ha muerto. Lo mismo que la igualdad.

El único sistema que sí funcionaba era aquel en el que las órdenes se transmitían de arriba a abajo y se obedecían de manera servil. La estructura social del imperio antiguo corriente se parecía más a un hormiguero que a nuestro pasado de cazadores-recolectores. No obstante, los imperios siempre fueron inestables, porque la verdad es que los seres humanos no son hormigas: pese a las bocas acalladas y las cabezas inclinadas, las personas seguían siendo lo que habían sido siempre. Como hacía falta fuerza física, o al menos la amenaza permanente del uso de la fuerza, para mantener a raya a todos esos recién amansados herederos de los cazadores-recolectores, la tiranía llegó a ser una fórmula casi universal.

La mayoría de la gente en las sociedades agrícolas de masas era contrahecha y mal desarrollada debido a la pobre dieta y al trabajo interminable. Las mujeres, las principales perdedoras, quedaban reducidas a un nivel social inferior y obligadas a llevar una limitadísima vida centrada en una maternidad incesante, pero tampoco muchos hombres habrían preferido la vida de un campesino a la de un cazador-recolector. Al cabo de miles de años, el experimento de la civilización puede decirse que ha valido la pena para al menos algunos de sus hijos, pero desde la perspectiva del año 2000 a. C. fue un desastre humano. Y luego las cosas empeoraron.

Cambios en la estepa: caballos y ruedas

Ha habido más de una Edad Oscura. La primera está comprendida más o menos entre 2000 y 1500 a. C., cuando unos pueblos pastoriles dotados de carros de guerra conquistaron todos los centros civilizados de Eurasia. Durante la mayor parte de la historia escrita, las sociedades civilizadas del Viejo Mundo eran zonas relativamente pequeñas con poblaciones agrícolas de cierta densidad −en China, norte de la India, Oriente Medio y Europa− que estaban justo al sur y al oeste de las estepas, el «mar de hierba» de 8.000 km de anchura que se extendía desde el sur de Rusia hasta Manchuria. Era la tierra de los nómadas a caballo, que de vez en cuando abandonaban su zona para aplastar a las citadas civilizaciones.

Dos cosas permitieron a esos pueblos colonizar los casi cuatro millones de kilómetros cuadrados de praderas. La primera, los caballos, domesticados en el sur de Ucrania algún tiempo antes de 4000 a. C. Eran mucho más pequeños y más débiles en la parte trasera que los caballos actuales, pero permitían a aquellos pastores llegar más lejos en el territorio con sus rebaños. La segunda, la rueda, inventada hacia 3300 a. C., que les permitía cargar sus pertenencias en carros.

Posible carro de guerra en la *Olla de Bronocice*, Polonia, hacia 3500 a. C.

La cultura nómada esteparia, que generó innumerables conquistadores a lo largo de los siguientes tres mil años, quizá se formó solo en un par de siglos. Pero en cuanto los pueblos pastoriles hubieron ocupado las praderas hasta su capacidad de carga (quizá entre tres y cinco millones de personas, solamente), volvieron a conquistar las tierras civilizadas.

En su sistema de armas favoritas se combinaban el carro (inventado en los territorios civilizados ya en 2300 a. C.) y el nuevo arco compuesto, que tenía más alcance, disparaba más rápido y sobre todo era más pequeño (y por tanto ideal para ser utilizado desde un carro).[5] Antes, sus incursiones se habían basado en la sorpresa y en una superioridad numérica temporal, pero ahora eran capaces de enfrentarse de veras a ejércitos civilizados y vencerlos, sin duda porque las muy motivadas falanges de voluntarios de las primeras ciudades-Estado se habían ido debilitando al igual que los valores igualitarios en que se basaban. La ventaja de los nómadas no estribaba solo en sus armas;

estaba también el hecho de que eran pastores, es decir, estaban acostumbrados a controlar rebaños de animales.

> Fue la gestión de los rebaños, tanto como las masacres y las carnicerías, lo que volvió a los pastores tan fríamente expertos en el enfrentamiento bélico con los agricultores sedentarios de las tierras civilizadas [...] Las formaciones de combate [civilizadas] solían ser laxas, tener poca disciplina y actuar en el combate como una multitud o un rebaño. Por su parte, trabajar con los rebaños era la especialidad de los pastores. Sabían dividirlos en secciones manejables, cortar una línea de retirada rodeando un flanco, reunir animales desperdigados en una masa compacta, aislar líderes, dominar a un número superior de individuos mediante la amenaza y la intimidación, matar a unos cuantos escogidos dejando a la masa paralizada y sometida a su control.
>
> John Keegan, *Historia de la guerra*[6]

En primer lugar, los nómadas hostigaban a los defensores con una lluvia de flechas y solo emprendían el ataque decisivo cuando el enemigo empezaba a huir.

> Dando vueltas a una distancia de 100 o 200 m de los rebaños de soldados de infantería desarmados, la dotación de un carro de guerra –uno para conducir, otro para disparar– quizá eliminaba hasta seis hombres en un minuto. El trabajo de diez minutos de diez carros provocaría 500 bajas o más, una cifra que, dado el pequeño tamaño de los ejércitos de la época, tendría un coste en vidas parecido al de una Batalla del Somme.
>
> John Keegan, *ibid.*[7]

Para los ejércitos de los primeros imperios resultaba casi imposible vencerlos. El imperio de los amorreos de Hammurabi, que gobernaba la mayor parte de Mesopotamia desde su capital, Babilonia, en el siglo XVI a. C. se vio desbordado por los aurigas casitas y hurritas que llegaban masivamente desde la zona montañosa que actualmente es el Kurdistán. Los hurritas hablaban una lengua indoeuropea, al igual que los aurigas hititas, que, en torno a 1600 a. C., conquistaron casi toda la Anatolia central (actual Turquía) hacia el oeste. Aún más al oeste, los micénicos que se desplegaron en los Balcanes hasta Grecia usaban los mismos carros de guerra y hablaban otra lengua indoeuropea.

El relativamente poco militarizado reino egipcio fue conquistado por primera vez en el siglo XVIII a. C. por los hicsos, pastores-conductores de carros que, procedentes del noroeste de Arabia, hablaban una lengua semítica. Más al este, los arios, pueblo indoeuropeo originario de la meseta iraní, sustituyeron a la antigua civilización del valle del Indo y establecieron su dominio sobre la mayor parte del norte de la India. Los orígenes de la dinastía Shang de la China septentrional, hacia 1700 a. C., todavía son objeto de controversia, pero la repentina aparición de carros en una parte del mundo donde antes no había habido transporte rodado de ninguna clase da a entender que los fundadores del Estado Shang acaso fueran también pastores indoeuropeos.[8]

Los conquistadores nómadas eran minúsculas minorías que gobernaban sobre poblaciones hostiles con la ayuda de administradores esclavizados, pues no conocían la escritura ni la burocracia. En algunos lugares permanecieron en el poder menos de un siglo: los egipcios expulsaron a los hicsos en 1567 a. C., y en 1365 a. C. el rey asirio Ashur-uballit derrocó a los soberanos hurritas de Babilonia. Los fundadores de la dinastía Shang, que pronto fueron absorbidos por la muchísimo más sofisticada cultura china, se presentaban ante el mundo como una dinastía china autóctona.

Incluso donde a la larga prevalecieron la lengua y la cultura de los invasores (por ejemplo, en Grecia, en la Anatolia hitita o en la India regida por los arios), al cabo de pocas generaciones ya no eran realmente pastores, si bien el sistema de castas de la India actual es un eco del sistema de esclavitud y servidumbre con el que aseguraron su permanencia en el poder. En cualquier caso, con independencia de si los invasores se mantenían en el poder o no, su impacto fue enorme; tras esta primera Edad Oscura, casi todo el mundo acabó militarizado.

4
Guerra clásica
(1500-1400 a. C.)

Guerra constante invariable

Mientras las primeras civilizaciones estaban creando un audaz mundo nuevo de granjas, ciudades y ejércitos, se producían innovaciones bélicas importantes al vertiginoso ritmo de una cada dos siglos: grandes fortificaciones, falanges, arcos compuestos, maquinaria de asedio, carros, caballería, etc. No obstante, en cuanto estos importantes elementos de la guerra «clásica» estuvieron implantados, el ritmo de los cambios se ralentizó.

La guerra era constante y casi no presentaba cambios. Al final de la Edad del Bronce, entre 1200 y 1150 a. C., hubo otra Edad Oscura, más corta, caracterizada por el desmoronamiento de la mayoría de las civilizaciones de Oriente Medio, si bien la posterior transición a las armas de hierro no conllevó cambios significativos en las tácticas militares. De hecho, muchos historiadores coincidirían en que un ejército de 500 a. C., bien preparado con comandantes aptos, podría hablar de tú a tú a un ejército de tamaño parecido de 1400 d. C. Después de que los ejércitos más antiguos sustituyeran sus armas de bronce por otras de hierro, quizá podríamos desplazar esta comparación hasta 1500 d. C.

Los asirios, afincados en el norte de Mesopotamia, contaban con esta clase de ejército. Tenía una estructura casi moderna que incluía ingenieros militares, depósitos de suministros, columnas de transporte y equipos de construcción de puentes. Podían trasladarse deprisa por los caminos reales diseminados por todo el imperio y combatir hasta a 500 km de su base de operaciones. Fue el primer ejército en incorporar maquinaria efectiva de asedio, en dotar a sus soldados de armadura y armas de hierro, y en complementar sus carros con una fuerza de caballería. Y las campañas militares se sucedían unas a otras.

A lo largo de los siglos, Asiria tuvo altibajos, como es probable que le pase a cualquier imperio sin fronteras étnicas, históricas o geográficas naturales. Con Salmanasar I y su hijo Tukulti-Ninurta I (1274-1208 a. C.), el imperio se extendió en todas direcciones y llegó al golfo Pérsico en el sur, solo para desmoronarse por completo a la muerte de ambos. En los últimos trescientos años de su existencia se convirtió en una organización puramente militar, siempre en guerra y aterrorizando a todo Oriente Medio para garantizar un continuo flujo de botines y tributos a sus arcas.

Entre espantosas masacres, los asirios deportaron a poblaciones enteras que reasentaron lejos de su territorio como castigo por haberse rebelado: los israelitas no fueron el único pueblo que sufrió ese destino. El ejército asirio creció hasta llegar a la asombrosa (para la época) cifra total de 120.000 hombres, capaces de emprender varias campañas a la vez y, además, sus reyes y comandantes tenían fama de ser extremadamente crueles. Conocemos la adicción de los asirios al sadismo sobre todo gracias a sus propias inscripciones; alardeaban de ello.

> El comandante en jefe del rey de Elam, junto con sus nobles [...] Corté sus gargantas como si fueran ovejas [...] Mis encabritados corceles, entrenados para llevar arneses, se zambulleron en la sangre que les manaba como si fuera un río; las ruedas de mis carros de guerra estaban salpicadas de sangre y suciedad [...] [Aterrorizados] se orinaron y defecaron en los carros.
>
> Senaquerib, rey de Asiria, 691 a. C.[1]

Al final, el Imperio asirio acabó devorado por la guerra. Cuando los medos, otros invasores nómadas, llegaron a Oriente Medio en el siglo VII a. C. –esta vez con verdadera caballería, nada de carros y aurigas, pues la cría selectiva por fin había producido caballos lo bastante fuertes para llevar a un jinete en la posición avanzada de «control»–, los enemigos civilizados de Asiria aunaron fuerzas con esos nómadas para echar abajo el aborrecido imperio: en 612 a. C. la capital asiria, Nínive, fue destruida hasta tal punto que se ha perdido su ubicación para la posteridad.[2]

Guerra de asedios

> Una ciudad antigua estaba sucumbiendo, y los largos años de su imperio tocaban a su fin. Por todas partes, los muertos yacían inmóviles en las calles [...] Los griegos corrieron al [palacio] y se apiñaron en torno a la entrada con los escudos acoplados sobre sus espaldas: ya se habían apoyado escaleras firmemente en las murallas, y ahora los atacantes apoyaban su peso en los peldaños próximos a los dinteles de las puertas. Avanzaban sosteniendo el escudo en el brazo izquierdo para protegerse, y con la mano derecha se agarraban al tejado. Para hacerles frente, los troyanos, al borde de la muerte y conscientes de su apurada situación, intentaron defenderse lanzando tejas desde lo alto de las casas [...] a modo de proyectiles [...] Dentro del palacio se oían sollozos y un revuelo lastimero y confuso. De un extremo a otro del edificio sonaban angustiados gritos de mujeres.
> Publio Virgilio Marón (Virgilio), hacia 19 a. C.[3]

Se trata de Troya, cuya caída se suele fechar en 1183 a. C., una época en que la historia se transformaba rápidamente en leyenda. Puede que el relato del caballo de Troya sea incluso una descripción confusa de la maquinaria de asedio que al final abriría una brecha en las murallas de la ciudad, pues los griegos aqueos que sitiaban Troya pudieron muy bien haber contratado a ingenieros militares de alguno de los países civilizados del este: en aquella época, la caída del Imperio hitita había dejado en toda Asia Menor un montón de soldados profesionales desempleados. Si los mercenarios hititas habían construido para los atacantes una torre de asedio –una estructura de madera de varios niveles, montada sobre ruedas, con un techo revestido de cuero y en el interior un cabestrillo con un ariete–, los aqueos podían muy bien denominarlo «caballo de madera» y dejar que las generaciones posteriores embellecieran la historia. (Una torre de asedio representada en un bajorrelieve asirio de la época se parece a un caballo gigante.)

Torre de asedio en un bajorrelieve asirio, Palacio del Noroeste de Nimrud, hacia 865-860 a. C.

La verdad es que Troya fue destruida tras un prolongado asedio, pero Homero no compuso su poema épico hasta pasados cuatro siglos. Virgilio escribió su expresivo relato del saqueo de Troya ocho siglos después, en un estilo muy personal que jamás habrían empleado quienes vivieron el episodio. Los detalles de la narración son ficticios, pero Virgilio sabía lo que habría podido pasar porque vivía en un mundo en el que, por lo que alcanzaba a recordar, cada pocos años alguna ciudad desafortunada acababa así.

Por ejemplo, en 146 a. C. las tropas romanas tomaron Cartago por asalto tras un asedio de tres años al final de la Tercera Guerra Púnica. Gracias al relato de un testigo, sabemos cómo los desesperados y famélicos cartagineses resistieron dentro de la ciudad durante seis días de enfrentamientos callejeros.

Tres calles que iban desde la plaza del mercado hasta la ciudadela estaban bordeadas en ambos lados por edificios de seis plantas, desde los que se apedreaba a los romanos. Se hicieron con las primeras casas, entre cuyos tejados tendieron puentes de tablones y vigas para cruzar de una a otra. Mientras se libraba una batalla en las alturas, en las calles de abajo había otra contra todos los invasores. En todas partes se oían quejidos, sollozos, alaridos y gritos agónicos de toda clase. A unos se les mataba sin más trámite, a otros se les arrojaba desde los tejados a la calle, y de los que eran sorprendidos lanza en ristre [...]

Apiano (basado en el relato de un testigo presencial de Polibio)[4]

Los escasos cartagineses que sobrevivieron al saqueo de su ciudad (de unos 300.000 habitantes) fueron vendidos como esclavos; a continuación, el victorioso general romano profirió diversas maldiciones y esparció sal en el devastado lugar, que estuvo deshabitado hasta que un siglo después se fundó una colonia romana sobre las ruinas. Todo ello transmite la impresión de una violencia enloquecida y de una sed de venganza demencial, precisamente la impresión que querían dejar los romanos vencedores.

Vuelve la falange

En la batalla cada hombre necesita un espacio lateral de 1 m, mientras que la distancia entre hileras es de casi 2 m. Por tanto, es posible colocar a 10.000 hombres en un rectángulo de unos 1.500 m por 12 m.

Vegecio, sobre la táctica de los romanos[5]

Las batallas de nuestros antepasados determinaban el curso de su vida; por otra parte, estos no eran menos listos de lo que lo somos ahora nosotros. Si durante varios miles de años no se les ocurrió una mejor manera de luchar que mediante formaciones en masa codo con codo, tenía que existir una buena razón. Había tantos hombres desesperados sin nada que perder en los incontables campos de batalla del pasado, que tarde o temprano se probaría todo. Y hasta mucho después de la introducción de las armas de fuego, nada funcionó mejor que la organización y la táctica que ya eran más o menos corrientes antes de la época de Alejandro Magno.

Vegecio describe una versión romana de la falange porque a mediados del primer milenio a. C. la formación ya volvía a estar muy extendida. Con el ascenso de los «imperios orientales» había quedado anticuada, pero como los centros de riqueza y poder se desplazaron al oeste, desde el Creciente Fértil hasta las pujantes ciudades-Estado de Grecia y Roma, muchos hombres con patriotismo cívico y gran motivación pasaron a estar disponibles –y contra las tropas de otro país civilizado que resistía y peleaba, una falange seguía siendo el método más efectivo para desplegar la infantería en el combate.

Los ejércitos actuales hablan de ganar o perder terreno, pero para las falanges de la antigüedad el terreno solo es el escenario en el que se mueven las formaciones. Lo que importa es la formación propiamente dicha, cuya fuerza se desvanece si se abren brechas en las líneas, o si debido al terreno (o al pánico) los hombres se apiñan tanto que no pueden blandir sus armas, lanzarlas ni golpear con ellas. La mayor parte de los interminables ejercicios de entrenamiento tiene por objeto que los soldados mantengan esta distancia vital de un metro; en todo caso, si están bien preparados, estos soldados son una formidable máquina de combate.

Una falange griega del siglo v a. C. constaba de miles de hoplitas (infantería pesada) en filas apretadas, casi protegidos del todo en la parte delantera por grandes escudos y grebas de bronce en las espinillas, con lanzas de casi cinco metros que sobresalían por delante del muro frontal de escudos. Hacía falta dedicar mucho tiempo y esfuerzo al despliegue de estas enormes formaciones en el campo de batalla para enfrentarse al enemigo; en cualquier caso, no era posible entrar en combate a menos que el comandante de la falange contraria cooperase. De todos modos, ambos bandos solían querer un resultado rápido y decisivo, pues los hoplitas eran ciudadanos dueños de propiedades que se pagaban sus armas y su armadura, y además la mayoría de ellos eran agricultores cuyas cosechas se malograrían si dedicaban demasiado tiempo a hacer maniobras. Querían una decisión ya, y por lo general la conseguían.

Hoplitas en combate, representados en una urna de alrededor
del siglo V a. C.

Ciertas decisiones tácticas se tomaban de antemano: ¿hemos de hacer la falange tan profunda como sea posible para evitar que nos rompan, o mejor la hacemos menos profunda pero más larga, a fin de extendernos hasta el extremo de la falange enemiga y rodearla? En cualquier caso, tan pronto las dos falanges entraban en contacto, poco más podían hacer los comandantes.

Los hombres de las filas delanteras luchaban un rato entre sí, y a medida que caían eran sustituidos por los de detrás, hasta que un bando consideraba que llevaba ventaja. En ese momento, todas las filas aunaban sus esfuerzos en un enorme empujón para desbaratar las filas enemigas; y si lo lograban, habían ganado. La formación enemiga se desmoronaba, los hombres se daban la vuelta para huir y comenzaba la masacre. Por lo general, en las guerras entre griegos la persecución iba menguando poco a poco, y en el bando perdedor los muertos equivalían aproximadamente al 15 % de la fuerza total.

Sin embargo, en las guerras contra no griegos, no había piedad y la persecución era implacable.

> Las tropas atenienses debilitaron su centro debido al esfuerzo por ampliar las líneas lo suficiente para abarcar todo el frente persa: los dos flancos eran fuertes, pero el centro solo tenía unas cuantas hileras de fondo [...] Se dio la orden de marchar, y los atenienses avanzaron a la carrera hacia el enemigo, situado a menos de 2 km [...] por lo que yo sé, los primeros griegos atacaron corriendo [...] en el medio [...] los extranjeros hicieron una brecha en la línea griega [...] pero los atenienses en un flanco y los plateos en el otro lograron la victoria [...] Entonces [...] dirigieron su atención a los persas que habían penetrado por el centro. Aquí de nuevo se alzaron con el triunfo, y persiguieron a los enemigos en desbandada y los fueron matando hasta que llegaron al mar.
>
> Heródoto, en su descripción de la Batalla de Maratón[6]

Estos torpes y sangrientos enfrentamientos a base de empujones, que parecen caricaturas gigantescas y reglamentadas de un partido de fútbol americano, que duraban un par de horas en un espacio de terreno de apenas medio kilómetro cuadrado, podían determinar el futuro de pueblos enteros. También participaban hombres a caballo, pero casi nunca cargaban contra una infantería bien entrenada y dispuesta a hacerles frente. Una masa de jinetes tronando contra una formación de infantería quizá parezca incontenible, pero los caballos no iban a arremeter directamente contra una línea firme de puntas de lanza. En el último instante se pararían y se desviarían, de modo que, si la infantería no se asustaba, estaba relativamente a salvo de estas cargas. Los principales objetivos de la caballería eran explorar, hacer escaramuzas y, sobre todo, alcanzar y matar a los hombres del bando derrotado en cuanto se hubieran dado la vuelta para escapar.

En la época clásica (hacia 550-350 a. C.), la infantería pesada dominó los campos de batalla casi en todas partes; por otro lado, normalmente el número de sus efectivos no era tan importante como su disciplina y su ánimo. Cuando en 333 a. C. Alejandro Magno luchó contra el ejército persa de Darío en Issos, solo contaba con 40.000 hombres frente a 100.000 del enemigo, pero sus veteranos hoplitas cruzaron el campo y atacaron al centro de los persas. Es una simple cuestión de física: 40.000 hombres fuertemente armados y provistos de armadura corriendo (despacio) en formación cerrada golpearon las líneas persas con una fuerza equivalente a dos mil quinientas toneladas que se desplazaran a diez o doce kilómetros por hora alcanzando su plenitud en cuestión de pocos segundos, y en su borde de ataque una protección de puntas de lanza. No muchos hombres de las dos filas delanteras de la falange de Alejandro sobrevivirían al impacto (los veteranos se colocarían algo más atrás, sin duda), pero su mero impulso atravesó el ejército de Darío en uno o dos minutos. Rota la cohesión del ejército persa, sus desperdigados y desconcertados soldados fueron presa fácil de las tropas de Alejandro; seguramente en el espacio de dos horas murieron la mitad de los combatientes persas.

A lo largo de los siglos posteriores se añadieron diversas mejoras a esta fórmula básica del éxito militar, sobre todo por parte de los romanos. En dos siglos de guerras casi constantes en las que primero sometieron a las demás ciudades-Estado de Italia y luego derrotaron a la otra gran potencia de entonces, Cartago, desarrollaron una versión mucho más flexible de la falange. Las legiones romanas se dividieron en minifalanges («manípulos» o puñados) de unos 150 hombres distribuidos en tres hileras, de modo que los manípulos se disponían como en un tablero de ajedrez en tres líneas superpuestas, gracias a lo cual en un terreno irregular exhibían mucha más maniobrabilidad. En la Batalla de Zama (202 a. C.), donde los cartagineses intentaron destrozar las legiones romanas mediante una carga masiva con elefantes, Escipión el Africano se limitó a desplazar los manípulos desde la línea central hacia los lados para crear corredores rectos a través de las tres hileras de su formación, en las que los elefantes de Aníbal quedaron agrupados casi sin hacer daño.

Las armas también fueron modificadas, en parte para lograr un efecto psicológico. En las legiones romanas, la incómoda lanza de casi cinco metros dio paso a dos lanzas arrojadizas, una más ligera y de mayor alcance que la otra, que los legionarios tiraban de forma sucesiva mientras avanzaban; además apareció una espada corta para la pelea cuerpo a cuerpo cuando se establecía contacto físico con el enemigo. Una espada *corta*: métete ahí y mata de cerca, porque esto es lo que realmente aterra al enemigo.

La infantería romana hace frente a las máquinas de guerra de Cartago en la Batalla de Zama, en 202 a. C.

En plena época romana, como las batallas ya no eran exactamente un enfrentamiento a empujones, surgieron toda clase de estratagemas tácticas, pero la lógica básica del campo de batalla permaneció invariable. Hombres provistos solo de armas afiladas accionadas por sus propios músculos tienen la eficacia que tienen en el combate, de modo que la infantería dominó los campos de batalla del siglo III d. C. con la misma confianza con la que los había dominado desde el siglo XXIII a. C.

Armadas

Un barco chocó directamente con un beque descarado. El ataque lo inició una embarcación griega que partió toda la proa de su enemigo fenicio, y otros dirigieron su acometida hacia distintos adversarios. Al principio, el empuje de la flota persa se mantuvo firme. Pero cuando los barcos se atascaron unos con otros, no pudieron prestarse ayuda. Los barcos empezaron a golpear a sus propios amigos con sus arietes con mandíbulas de bronce y a hacer añicos todo el banco de remos. Los barcos griegos, conforme a un plan minucioso, comenzaron a presionarnos rodeándonos, y los cascos de los barcos cedieron. De tan llena que estaba de barcos destrozados y hombres muertos, ya no se podía ver el agua, mientras las playas y las rocas se llenaban de cadáveres.

Esquilo, en su descripción de la Batalla de Salamina (desde el punto de vista persa), en *Los persas*, 472 a. C.[7]

Nadie necesitó armadas hasta que las diversas civilizaciones comenzaron a producir cereales, vino, minerales y madera que valía la pena comprar y vender al por mayor. Como casi todo este comercio se realizaba por mar (sigue siendo así), atacar los buques de carga de países ricos acabó siendo una estrategia obvia y muy provechosa en la guerra. Desplazar ejércitos enteros por mar también llegó a ser una atractiva opción militar en el Mediterráneo, que por lo general ofrecía las rutas más directas entre dos puntos. Pronto dominaron el conflicto naval en el Mediterráneo grandes flotas de barcos de guerra. El primer objetivo era eliminar la armada del otro bando, tras lo cual la indefensa marina mercante podía ser saqueada con impunidad.

Como muchos artefactos del mundo antiguo, las galeras enseguida maduraron hasta tener un diseño estándar, cuya tecnología luego apenas cambió durante varios miles de años. Los buques mercantes empleaban una combinación de velas y remos, pero los de guerra, que necesitaban moverse rápidamente en cualquier dirección al margen del viento, dependían sobre todo de la fuerza muscular: hasta cien remeros tiraban de los navíos militares a través del agua a gran velocidad.

Un barco es un tipo de máquina, y para fabricar máquinas grandes en gran número hacían falta técnicas de organización y producción semejantes a las de las sociedades industriales. Cuando a principios del siglo v a. C. Grecia se enfrentó a la gran invasión persa, los astilleros atenienses adoptaron métodos de producción masiva, de modo que estuvieron fabricando entre seis y ocho trirremes (galeras con tres bancos de remos) al mes durante más de dos años. Se les pagaba con las reservas de plata acumuladas por el Estado. Hacia 480 a. C., se habían construido unas doscientas cincuenta galeras, para cuyas tripulaciones se requirieron más de 40.000 hombres. Toda la mano de obra militar de Atenas fue para la flota, dejando que las otras ciudades-Estado griegas suministraran las fuerzas terrestres para la defensa de la península. Y fue la flota griega, mayoritariamente ateniense, la que derrotó a la flota persa en Salamina y obligó al emperador Jerjes a retirarse de Grecia.

Representación artística de un trirreme del siglo iv a. C.

En la antigüedad, la guerra naval era un asunto sencillo. Dos flotas de galeras, que podían contar con centenares de embarcaciones, se alineaban colocándose una frente a otra cerca de un tramo de costa y atacaban. Los barcos intentaban agujerearse recíprocamente la parte frontal con sus arietes de bronce, o al menos partir los remos de un costado de la galera enemiga (aplastando de paso a la mayoría de los remeros), y luego daban la vuelta y embestían al maltrecho adversario desde la popa. A menudo, sin embargo, acababan abarloados, colocados uno al lado de otro de modo que los soldados de cada galera peleaban en la cubierta de uno u otro navío, como pasó en la batalla del puerto de Siracusa en 413 a. C., donde casi doscientos barcos se enfrentaron en un espacio muy reducido.

> Muchos barcos se aglomeraron en un área pequeña. Por consiguiente, no se llevaron a cabo muchos ataques con los arietes del centro del navío [...] en cuanto los barcos se encontraron, los soldados lucharon cuerpo a cuerpo, cada uno intentando abordar la embarcación enemiga. Debido a la estrechez del espacio, solía pasar que [...] tres o más barcos se vieran atascados, de manera que los timoneles debían pensar en defender un lado y atacar por el otro [...] y el tremendo alboroto de todos aquellos navíos chocando entre sí no solo asustaba por sí mismo, sino que además imposibilitaba oír las órdenes dadas por el contramaestre.
>
> Tucídides, *Historia de la Guerra del Peloponeso*[8]

Las principales batallas navales de la antigüedad clásica las libraron Roma, que al principio de las Guerras Púnicas, en 264 a. C., era básicamente una potencia terrestre, y Cartago, una potencia marítima con aliados o posesiones en España, Cerdeña, Sicilia y el sur de Italia. El puerto naval de Cartago (cerca del Túnez actual) era un espacio circular artificial de más de mil metros de anchura, con una isla central y cobertizos en los que se podían construir doscientas galeras al mismo tiempo –lo que suponía hasta sesenta embarcaciones en un mes–.

En las guerras que convulsionaron el Mediterráneo occidental entre 264 y 146 a. C., los romanos también aprendieron a construir una armada y a combatir en el mar. En las batallas navales que siguieron, y aún más en las súbitas tormentas que a veces afectaban a flotas de endebles galeras en mar abierto, se producía un gran número de víctimas.

En 256 a. C., frente al cabo Ecnomo, en la costa del norte de África, una flota romana de 330 galeras derrotó a una flota cartaginesa de similar tamaño de la que hundió 30 barcos y capturó 64, lo que supuso para los cartagineses la pérdida de entre 30.000 y 40.000 hombres. A su regreso a Italia, la flota romana fue sorprendida por una fuerte tempestad frente a la costa occidental de Sicilia, a raíz de lo cual 270 de sus galeras se fueron a pique o acabaron embarrancadas en la costa y unos cien mil hombres murieron ahogados. Desde entonces jamás se han perdido tantas vidas en la guerra naval.

Mil ochocientos años después de Ecnomo, en 1517 d. C., las fuerzas aliadas navales de la Europa occidental se enfrentaron a la armada turca en Lepanto. Cada bando tenía más de doscientas galeras, construidas conforme a unos diseños que no habrían causado sorpresa alguna en los astilleros de la antigua Cartago. La táctica les habría resultado igualmente familiar: si puedes, usa el ariete; si no, al abordaje. Esa tarde murieron 30.000 hombres.

No exactamente guerra total

Cartago delenda est.
(Cartago debe ser destruida.)

Catón el Viejo

Una sociedad capaz de enviar a cien mil hombres al mar sería un formidable contendiente en los enfrentamientos entre superpotencias incluso en la actualidad, ya que Roma y Cartago no solo construían enormes flotas de buques de guerra. A veces también mantenían ejércitos en tres o cuatro frentes de forma simultánea, distribuidos por todo el Mediterráneo occidental. En el momento álgido de la Segunda Guerra Púnica, 213 a. C., el 29 % de los ciudadanos romanos estaban sirviendo en el ejército,[9] nivel que pocas veces se ha superado, ni siquiera en las grandes guerras del siglo pasado —y aunque en última instancia Roma se alzó con la victoria, durante las dos décadas finales de la guerra murió en combate el 10 % de toda su población masculina.[10] En cuanto a los cartagineses, lo perdieron casi todo: no sobrevivió ni su idioma. Aun así, en realidad estas dos potencias no estuvieron librando una «guerra total» en el sentido moderno de la palabra.

Roma era una civilización compleja y sofisticada, pero su interés en las innovaciones tecnológicas era escaso* y carecía de la riqueza necesaria para emprender una auténtica guerra total. Las ciudades-Estado de Roma y Cartago, cada una con menos de medio millón de ciudadanos de pleno derecho, movilizaban a una elevada proporción de sus poblaciones, pero solo a una diminuta fracción de los otros pueblos de los grandes imperios que tenían bajo su control. Resultaba válida la ecuación militar básica de la época premoderna: las sociedades cuya base económica es la agricultura de subsistencia no pueden permitirse sacar a más de un 3 % aproximadamente de la gente de la producción alimentaria para mandarla a la guerra.

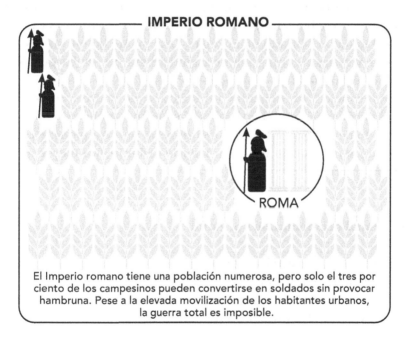

IMPERIO ROMANO

ROMA

El Imperio romano tiene una población numerosa, pero solo el tres por ciento de los campesinos pueden convertirse en soldados sin provocar hambruna. Pese a la elevada movilización de los habitantes urbanos, la guerra total es imposible.

Unos siglos después, el tamaño del ejército romano cuando Roma dominaba todo el Mediterráneo y contaba con legiones que vigilaban fronteras lejanas, como en Escocia o Sudán, es una medida justa

---

* Entre Lepanto y el primer alunizaje (398 años), la civilización occidental pasó de las galeras a las naves espaciales. En los 580 años transcurridos entre las batallas de Ecnomo y del Helesponto, la última participación importante de la armada de Roma, el diseño de la galera romana apenas cambió.

de las dimensiones máximas de la fuerza militar que una sociedad agraria premoderna –incluso con un comercio muy desarrollado– puede mantener a largo plazo. Prueba de ello es que a finales del siglo III d. C., cuando la población del imperio había llegado a los cien millones de personas y la presión de los bárbaros en las fronteras era cada vez mayor, el ejército romano jamás superó la cifra de tres cuartos de millón de soldados.[11]

Era un ejército muy bueno, y en muchos aspectos bastante moderno. Los soldados estaban razonablemente bien pagados y bien entrenados, y podían esperar incluso una pensión digna si vivían lo bastante para jubilarse. Los centuriones constituyeron el primer cuerpo de oficiales profesionales. Contra otros ejércitos civilizados, la victoria a largo plazo estaba casi garantizada; por otro lado, la verdad es que su ejército no había tenido que luchar contra los nómadas a caballo, pues el mundo civilizado de Europa y Oriente Medio estuvo casi mil años sin vérselas con ninguna invasión bárbara. Sin embargo, cierto cambio repentino en el clima o la población en las estepas de Asia central empujó a los nómadas a desplazarse de nuevo, y al cabo de unas generaciones empezó a notarse un efecto dominó en las fronteras del Imperio romano. Al final, el imperio se fue a pique, y con él casi toda la civilización europea. Y tardó casi mil años en recuperar su nivel anterior.

Oscuridad occidental, luz oriental

El mundo antiguo tardó mucho en morir. En los siglos IV y V, Europa occidental fue invadida por pueblos germánicos, pero el Imperio romano de Oriente prácticamente sobrevivió intacto durante otros doscientos años. En los siglos VII y VIII, diversos pueblos árabes unidos en torno a la nueva fe del islam conquistaron el norte de África y el Creciente Fértil, pero una versión cristianizada y grecoparlante de la civilización romana (Bizancio) sobrevivió en los Balcanes y Asia Menor hasta que, en 1071, los nuevos nómadas turcos destruyeron el principal ejército bizantino en Manzikert. De todos modos, tanto los árabes como los turcos eran grupos relativamente pequeños que dominaban poblaciones más numerosas y más complejas, y lo que surgió de dicho dominio fue una forma islamizada de la civilización clásica que preservaba e incluso perfeccionaba el carácter urbano, culto y comercial de esa cultura.

EUROPA
TRAS LA CAÍDA DE ROMA

OCCIDENTE	ORIENTE
Católico romano de lengua latina	Ortodoxo cristiano de lengua griega
es ocupado por sociedades completas de tierras germánicas	es conquistado por pequeñas élites militares árabes y turcas
... que adoptan el cristianismo y luego el latín pero conservan su cultura no clásica	... que adoptan una versión islamizada de la cultura clásica existente. A la larga, el griego es sustituido por el árabe o el turco

En Europa occidental, no obstante, los invasores eran auténticas sociedades en movimiento, que compartían pocos valores y principios con los pueblos civilizados que conquistaban. Incluían una élite de guerreros a caballo, pero la gran mayoría eran agricultores de subsistencia de más allá del Imperio romano, en parte atraídos por la perspectiva de obtener algún botín, en parte huyendo de nómadas de las estepas como los hunos. Cuando llegaron a las actuales Francia, Italia o España, se instalaron sobre todo para volver a cultivar la tierra. En las zonas occidentales del imperio jamás superaron en número a los ciudadanos romanos supervivientes, y el hecho de que pronto fueran cristianizados ayudó a garantizar que fuera la lengua latina de los conquistados, no las lenguas germánicas, lo que en casi todas partes acabó siendo el idioma común. Sin embargo, los recién llegados sí fueron suficientes en número para asegurar que prevaleciera su forma de hacer las cosas, no las antiguas costumbres evolucionadas a lo largo de tres mil años de dominio imperial en el Mediterráneo y Oriente Medio. En Occidente sí murió de veras la civilización clásica.

Vuelven los caballos

Cuando en Europa occidental volvió a surgir una estructura social estable tras varios siglos de descomposición casi total, se basó en una dispersión extrema del poder político y militar. En la época feudal, el verdadero fundamento del poder no era el Estado (que apenas existía), sino las docenas o los centenares de kilómetros cuadrados que o bien se concedían a un guerrero de la zona, o bien acababan en sus manos por la fuerza. El único instrumento militar de lo que pasaba por ser una administración del reino era una asamblea de estos guerreros hacendados –si decidían aparecer por ahí– durante el tiempo que ellos estuvieran dispuestos a quedarse. Por otro lado, la caballería acabó dominando el campo de batalla tanto en Oriente como en Occidente.

En el Oriente musulmán, hasta el siglo xv la guerra conservó la tradición nómada a tope: grupos de jinetes rápidos, con armas ligeras y armadura, que se valían de arcos compuestos para efectuar ataques de hostigamiento desde una distancia segura, y de la espada y la lanza para las rarísimas ocasiones en que luchaban contra sus adversarios cuerpo a cuerpo. En Occidente, sin embargo, la guerra de caballería fue evolucionando hasta convertirse en un enfrentamiento entre jinetes fuertemente armados con arreglo al mismo estilo, montados a horcajadas sobre caballos grandes criados por su capacidad para llevar peso, que se basaban en el puro impacto físico de su ataque.

Durante las Cruzadas, en el siglo xii, la caballería de la cristiandad luchaba como una falange montada a caballo –una falange de dos metros y medio de altura, armada hasta los dientes, que se desplazaba a cuarenta kilómetros por hora. Si te alcanzaba, ahí se acababa todo; no obstante, si no tenías la tradición cultural de pelear así, era bastante fácil eludir la carga de los cruzados (razón por la cual al final los ejércitos cristianos tuvieron que regresar a Europa). A finales de la Edad Media, cuando los niveles de población, prosperidad

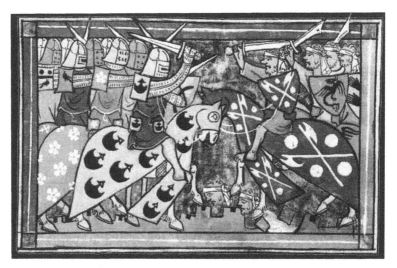

Miniatura del siglo XIV de un enfrentamiento de caballería durante la
Segunda Cruzada, de *Histoire d'Outremer*, de William of Tyre

y competencia organizativa en la Europa occidental eran de nuevo
similares a los de la época romana, reapareció la infantería como
fuerza dominante en el campo de batalla, si bien en la tecnología de
las armas no se habían producido cambios significativos.

5
Monarcas absolutos y guerra limitada
(1400-1790)

Vuelve la infantería

Las armas de infantería comenzaron a regresar al campo de batalla en la última etapa de la Guerra de los Cien Años (principios del siglo XV), cuando los arqueros ingleses empezaron a clavar en la tierra estacas que apuntaban hacia fuera para protegerse de la carga de los caballos, con lo que diezmaban una y otra vez las fuertemente armadas formaciones francesas de caballería.

Las flechas de los arcos largos (y las nuevas ballestas) atravesaban la cota de malla a una distancia considerable, de modo que los caballeros se vieron forzados a ponerse una armadura de placas minuciosamente diseñada con rebordes y facetas oblicuas para desviar las flechas, si bien no era posible proteger a los caballos con un blindaje semejante, pues pesaba demasiado. En las últimas batallas de la Guerra de los Cien Años, como la de Agincourt de 1415, los caballeros franceses desmontaron y, con unos 25 kg de armadura, atacaron a pie; o, mejor dicho, murieron en el intento.

La lección estaba clara: lo que hacía falta era una infantería de verdad, no jinetes descabalgados con atuendo de metal. Hacia el siglo XVI, el combate volvió a centrarse en los enfrentamientos entre infanterías pesadas que luchaban conforme a un estilo que le habría resultado familiar a Alejandro Magno. Este habría podido tomar el mando de cualquier bando en el enfrentamiento de dos ejércitos en Cerisoles, no lejos de Turín, hacia el final de las guerras italianas de 1544 –siempre y cuando hubiera aprendido las lenguas adecuadas y seguido un breve curso sobre uso de armas de fuego–.

Ahora con armas de fuego

Las falanges de infantería eran en esencia las mismas –llevaban picas, que no eran más que lanzas embellecidas–, pero el bando francés situó una línea de *arquebusiers* (hombres armados con mosquetes de llave de mecha que disparaban una bala de media onza, o catorce gramos) tras una hilera de piqueros. Como explicaba el capitán Blaise de Montluc:

> De esta manera debíamos matar a todos sus capitanes de la primera fila. Pero descubrimos que eran tan ingeniosos como nosotros, pues detrás de su primera línea de picas habían colocado a pistoleros. Ningún bando disparó hasta que unos y otros estuvieron tocándose, y entonces hubo una masacre masiva. Todos los disparos alcanzaban algún objetivo: la primera fila de cada bando desapareció. La segunda y la tercera se encontraban delante con los cadáveres de sus camaradas mientras las hileras de atrás los empujaban. Y cuando empujamos con más fuerza, el enemigo enseguida se desmoronó.[1]

Infantería del siglo XVI portando mosquetes en marcha durante las guerras italianas

A pesar de las armas de fuego, se trataba básicamente del mismo viejo enfrentamiento a empellones: «a punta de pica», como lo llamaban los hombres del siglo XVI. Los franceses y sus mercenarios suizos aliados tenían la ventaja de empujar colina abajo, y cuando la caballería francesa golpeó a sus adversarios alemanes de infantería, los *Landsknechte* [lansquenetes], en el flanco, la formación de estos se dobló y sus integrantes acabaron constituyendo una multitud tan apiñada que no tenían sitio para usar las picas. De siete mil lansquenetes, fueron masacrados casi cinco mil. La infantería italiana del lado izquierdo de la línea ya había abandonado el campo de batalla para salvarse, pero cuando los veteranos españoles del flanco derecho imperial intentaron replegarse a un pequeño bosque a su espalda, enseguida fueron interceptados por la caballería francesa, tras la cual llegó inmediatamente la infantería.

> Y cuando nos divisaron a solo 400 pasos, y estando nuestra caballería a punto de atacar, bajaron las picas y se rindieron a los jinetes. Se podía ver a quince o veinte de ellos alrededor de un hombre de armas pidiendo clemencia por miedo a que nuestra infantería estuviera preparada para cortarles el cuello. Murieron muchos –quizá la mitad–; el resto fueron hechos prisioneros.
>
> Blaise de Montluc[2]

Se cerraba el círculo; lo que pasó en Cerisoles era lo mismo que había pasado, salvo pequeños detalles, al pie de las murallas de Umma cuatro mil años antes, o en Issos a mitad de camino entre un episodio y otro.

La era de los mercenarios

> Bien hayan aquellos benditos siglos que carecieron de la espantable furia de apuestos endemoniados instrumentos de artillería, a cuyo inventor tengo para mí que en el infierno se le está dando el premio de su diabólica invención, con la cual dio causa a que un infame y cobarde brazo quite la vida a un valeroso caballero.
>
> Miguel de Cervantes, *Don Quijote de La Mancha*

En el siglo XVI, las armas más poderosas del mundo, los grandes cañones de asedio, eran capaces de matar quizás a media docena de personas (si estaban muy juntas) a una distancia de unos centenares de metros. En la actualidad, al cabo de menos de cinco siglos, los equivalentes de aquellas armas, los misiles balísticos intercontinentales, pueden matar a millones de personas a una distancia de doce o trece mil kilómetros. De todos modos, la tecnología ha dominado solo la ultimísima parte del proceso que nos ha traído desde allí hasta aquí.

Hasta los últimos ciento cincuenta años, las armas utilizadas por Occidente no fueron nada especial. De hecho, los denominados «imperios de la pólvora» del mundo islámico, el otomano, el safávida (persa) y el mogol, adoptaron antes las armas de fuego, con lo que ya en fecha muy temprana los arcabuces y los cañones fueron esenciales en sus tácticas bélicas: la primera fuerza de infantería permanente del mundo dotada de armas de fuego fue la de los jenízaros del ejército otomano de Mehmed II, en la década de 1440.[3]

En la Europa de los siglos XV y XVI, varios monarcas ambiciosos que querían el poder absoluto crearon una serie de estados modernos centralizados. Para tener éxito, debían destruir el poder militar de la vieja aristocracia feudal, basado sobre todo en el suministro de caballería al reino. La solución radicaba en reinventar los ejércitos clásicos de la antigüedad, más efectivos en el combate. Algo muy importante era el hecho de que la nobleza, que hasta el momento había sido capaz de chantajear al rey amenazándolo con no luchar o no proporcionarle caballos en tiempos de guerra, ahora perdía un instrumento de influencia vital. En el aspecto político, a la monarquía le interesaba mucho recuperar el papel de la infantería.

Por otra parte, los monarcas no tenían interés en armar a sus ciudadanos corrientes ni en procurarles formación militar; después estos podrían servirse de sus nuevas destrezas y su importancia numérica para desafiar el poder absoluto del rey. Así pues, los reyes y las reinas decidieron contratar a mercenarios, que vendían su lealtad a cualquier gobierno dispuesto a pagarles. En las zonas más pobres de Europa, como Suiza, la exportación de compañías de mercenarios entrenados llegó a ser una industria nacional[4] –y como los mercenarios costaban tanto, los ejércitos siguieron siendo pequeños. Por lo general, en una batalla del siglo XVI solo intervenían unos diez mil hombres por bando.

Los ejércitos de toda Europa siguieron el modelo adoptado por los españoles, el poder militar más victorioso de la época, hasta principios del siglo xvii. Estos tenían sólidos «tercios» (falanges) de piqueros, de dieciséis, veinte y hasta treinta filas de fondo. En las esquinas de la formación había mosqueteros, y pesada artillería de campaña apenas móvil en toda la primera línea, aunque las armas de pólvora desempeñaban un papel claramente secundario.

Sin embargo, incluso esas incómodas armas de fuego eran más efectivas que las de China, donde se habían descubierto los efectos explosivos de la mezcla de salitre, azufre y carbón. Ya en 1232, tropas chinas que defendían la ciudad de Luoyang frente a los mongoles habían utilizado una «bomba trueno», una vasija de hierro llena de pólvora lanzada mediante una catapulta. Al cabo de veinticinco años ya estaban empleando la «lanza de fuego», un arma primitiva consistente en un tubo de bambú lleno de pólvora que disparaba un conjunto de perdigones a unos 250 m. Probablemente fueron los ejércitos mongoles los que, tras copiar a los chinos, las llevaron a Europa, donde las primeras armas verdaderas de metal se fundieron en la década de 1320.[5]

Un enigma histórico importante es por qué China no siguió desarrollando las armas de fuego, teniendo en cuenta que, todavía en 1500, otras tecnologías del país, desde la imprenta a los barcos marítimos, estaban al nivel o por delante de las europeas. Puede que simplemente los principales adversarios de China, los mongoles y otros pueblos pastoriles, no mejorasen su propia tecnología (los pastores no suelen hacerlo). En cualquier caso, China jamás fue por sí sola más allá de las «lanzas de fuego», mientras que, en el espacio de dos siglos, tanto en Europa como en los imperios musulmanes, el desarrollo de las armas de fuego se tradujo en cañones gigantes capaces de lanzar un proyectil de hierro de más de 500 kg contra las murallas de una ciudad, así como en arcabuces portátiles (los primeros mosquetes) que disparaban balas de 14 gr con un alcance efectivo de 100 m.

Bombardeo de bombas trueno: primera imagen conocida de una lanza de fuego china

Estas armas de fuego nuevas desempeñaron un papel más importante en los asedios que en las batallas, y más en el mar que en la tierra. Fueron los numerosísimos cañones del ejército turco los que en 1453 derribaron las murallas de Constantinopla, la mayor ciudad del mundo durante la mayor parte del milenio anterior: fueron golpeando y haciendo en la base un hueco cada vez mayor hasta que los muros cayeron por su propio peso. En el mar, los navíos de vigas anchas de la Europa occidental resultaron ser plataformas de artillería ideales. A principios de la década de 1500, los cañones se montaban para disparar andanadas desde corta distancia, y los duelos de artillería entre cañones distribuidos en dos o incluso tres cubiertas decidirían la mayoría de las batallas marítimas durante los siguientes trescientos años. No obstante, en el campo de batalla propiamente dicho, las armas de pólvora tardaron mucho más en demostrar su valor.

Las primeras armas de fuego, como los arcabuces, tenían el mismo alcance que las ballestas, exigían menos entrenamiento y daban muy buenos resultados, si bien hasta el siglo xvii los arcabuceros siguieron siendo un elemento secundario en la batalla. El núcleo del ejército lo seguían constituyendo las nutridas filas de piqueros disciplinados que podían defenderse (y defender a los arcabuceros) de las cargas de la caballería, y cuyos choques con las falanges de piqueros similarmente equipadas del otro bando solían ser decisivos.

De todos modos, esta versión ralentizada y rígida de la guerra clásica iba a cambiar en el cataclismo conocido como Guerra de los Treinta Años.

Treinta años, ocho millones de muertos

Desde mediados del siglo xvi, las guerras religiosas locales desencadenadas por la Reforma Protestante fueron como una ristra de petardos: sobre todo, diez guerras civiles en Francia en las que murieron alrededor de tres millones de personas entre 1562 y 1598, además de una revuelta de ochenta años en los Países Bajos contra el dominio español, iniciada en 1568. Sea como fuere, a partir de 1618 estas peleas locales se fusionaron en la primera guerra en la que estuvieron implicadas todas las potencias europeas. Cuando en 1648 terminó la Guerra de los Treinta Años, las batallas habían adquirido la forma que conservarían hasta hace poco más de un siglo; por otro lado, habían muerto un total de unos ocho millones de personas.

Las pasiones religiosas eran reales, pero los que libraban las guerras eran los gobiernos, no las Iglesias. De forma accidental pero inevitable, estaba surgiendo un sistema unificado de países europeos en el que todos participaban en el mismo juego a escala continental: un sistema de equilibrio de poder en el que cada incremento de fuerza de un país suponía automáticamente una pérdida de seguridad para todos los demás. Países tan alejados como España o Suecia, sin motivos concretos para enfrentarse entre sí, acabaron matando a los soldados respectivos en los campos de batalla de Alemania –y al final la religión fue menos importante que el juego de poder de suma cero–. Es por eso por lo que, hacia el final de la guerra, cuando la dinastía católica de los Habsburgo (Austria y España) parecía ser demasiado fuerte, la

Francia católica se alió con las débiles potencias protestantes y prolongó la guerra hasta que se restableció el «equilibrio de poder».

Fue Alemania, donde se libraron casi todas las batallas de la Guerra de los Treinta Años, la que pagó el precio de esta política.

> Ebrios de victoria, los soldados desafiaban todos los esfuerzos por controlarlos [...] Hacia el mediodía, de pronto aparecieron llamas casi en el mismo momento en veinte lugares distintos. (Los generales) Tilly y Pappenheim no tuvieron tiempo de preguntar la causa del fuego; mirando consternados, reunieron a los hombres borrachos, escandalosos y exhaustos, para apagarlo. El viento soplaba demasiado fuerte, y en cuestión de minutos la ciudad se convirtió en un horno, y las casas de madera se desmoronaron hasta los cimientos formando columnas de humo y llamas. Ahora la consigna era salvar el ejército, y los oficiales imperialistas lucharon en vano para conducir a sus hombres a campo abierto. Como enseguida barrios enteros quedaron bloqueados por muros de humo, los que se demoraron saqueando, se perdieron o se quedaron tumbados en las bodegas durmiendo la borrachera, también murieron.
>
> C. V. Wedgwood, *The Thirty Years War*[6]

El saqueo y la destrucción de la ciudad de Magdeburgo en 1631, que provocaron la muerte de unos cuarenta mil habitantes, fue solo otro incidente de una guerra aparentemente interminable. Ejércitos de mercenarios marchaban a través de Alemania una y otra vez propagando enfermedades a su paso. Grupos de refugiados hambrientos y bandas de desertores deambulaban por ahí, robando comida a los campesinos que aún cultivaban la tierra. Hubo casos de canibalismo. Cuando la Paz de Westfalia de 1648 puso fin a las masacres, la población alemana se había reducido en una tercera parte: de veintiún millones a trece.

En un momento dado, bruscamente, la constante escalada de las guerras europeas se paró. En Europa, ninguna contienda posterior provocó el mismo grado de mortandad ni nada parecido hasta principios del siglo XIX, y las víctimas civiles no volvieron a superar en número a las militares hasta mediados del siglo xx. De todos modos, la nueva moderación mostrada por los gobernantes europeos a partir de 1648 no supuso una respuesta a la tremenda catástrofe. La inmensa mayoría de las víctimas habían sido campesinos alemanes, de los que ningún poderoso se hizo cargo. Los 350.000 soldados caídos preocupaban mucho más, pues su preparación y su mantenimiento salían muy caros. No obstante, lo que convenció a los gobernantes supervivientes de que había que imponer límites a las guerras futuras fue una dolorosa lección: si la guerra se descontrolaba, podían desaparecer dinastías y países enteros (como ocurrió en la Guerra de los Treinta Años).

Entrada de Tilly en la destruida ciudad de Magdeburgo,
25 de mayo de 1631

El principal objetivo de cualquier dinastía es sobrevivir, y a los monarcas supervivientes la Guerra de los Treinta Años les enseñó que debían cooperar –al menos un poco–. Podían librar guerras entre sí, apoderarse de provincias fronterizas y colonias de ultramar, debilitar y traicionarse unos a otros todo lo que quisieran, pero a ningún miembro del club de los gobernantes se le permitiría perder de forma tan rotunda que desapareciera del juego por completo (excepto

Polonia, que quedó dividida por acuerdo unánime de sus poderosos vecinos). Se acercaba una era de guerras mucho más limitadas.

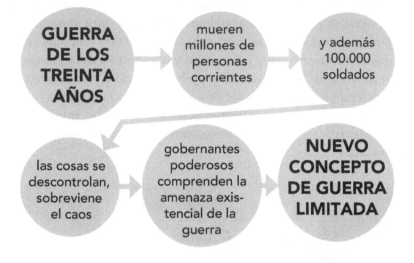

Innovación sueca

Al final, durante la Guerra de los Treinta Años las armas de fuego se adueñaron del campo de batalla, aunque eso no se debió a ninguna mejora importante en las armas. Lo que cambió fue la táctica, y el responsable de ese cambio fue el rey Gustavo Adolfo de Suecia. Su reino solo tenía un millón y medio de personas, por lo cual, al hallarse siempre en desventaja con respecto a los países circundantes más fuertes, intentó compensarlo modificando la manera de utilizar las armas. De este modo, creó el primer ejército que Alejandro Magno no habría sabido dirigir.

En los campos de batalla de Europa todavía se imponían las formaciones sólidas de piqueros colocados hombro con hombro, pero Gustavo Adolfo se dio cuenta de que, si eras capaz de concentrar en ellos suficiente cantidad de fuego, eran dianas ideales. Sin duda otros ya habían tenido la misma idea, pero les faltaría autoridad o coraje para efectuar los cambios tácticos radicales necesarios que permitirían sacar provecho de la novedad.

Como Gustavo Adolfo tenía ambas cosas, convirtió dos terceras partes de sus piqueros en grupos de mosqueteros de tres filas de fondo entrenados para disparar por descargas (estando una fila de pie, otra agachada y otra arrodillada). También se deshizo de la engorrosa artillería de campaña para cuyo desplazamiento se precisaban veinticuatro caballos, y la sustituyó por armas más ligeras que eran arrastradas por uno o dos caballos y utilizaban un proyectil preparado –de tal modo que podían moverse por el campo de batalla mucho más deprisa, incluso bajo el fuego, y disparaban mucho más a menudo.

El ejército del rey de Suecia era capaz de hacer añicos una formación de piqueros desde una distancia de cien metros sin necesidad de contacto físico: solo descargas de mosquetes y fuego de cañones. En un momento dado, tan pronto las balas y los proyectiles habían causado suficientes agujeros en la formación del enemigo, la caballería atacaba y convertía el desorden en desbandada.

Cuando en 1630 lo suecos fueron a Alemania al rescate de la debilitada causa protestante, acabaron fácilmente con los anticuados ejércitos de sus adversarios «imperiales» (es decir, austriacos y españoles). El propio Gustavo Adolfo murió en combate en 1632, y al final la intervención sueca no resultó decisiva; sin embargo, los demás ejércitos europeos enseguida adoptaron la táctica revolucionaria creada por el rey escandinavo.

Entrenamiento

Las armas de fuego, no el frío acero, deciden las batallas.

J. F. Puysegur, 1748[7]

Hacia 1700 los piqueros habían desaparecido y todos los soldados de infantería portaban mosquetes de llave de mecha, armas muy mejoradas que se podían cargar y disparar dos veces en un minuto. Los mosquetes eran imprecisos incluso a cien metros, pero eso no era ningún problema pues no se trataba de usarlos contra objetivos individuales. La función de un batallón de infantería era lanzar andanadas de fuego. Era una especie de ametralladora humana con varios centenares de partes móviles (los soldados), capaz de soltar una ráfaga de fuego cada treinta segundos.

Durante la Batalla de Fontenoy, en 1745, tras emerger de un camino excavado la Brigada de Guardias Británicos se encontró solo a unos doscientos metros de una gran formación de infantería francesa. Los oficiales franceses invitaron al comandante británico a abrir fuego, pero este replicó «No, señor, nosotros nunca disparamos primero. Después de ustedes», y su brigada siguió avanzando hasta que finalmente los franceses lanzaron su andanada. Mientras recargaban, las tropas británicas supervivientes marcharon a una distancia de solo treinta pasos y dispararon una descarga de respuesta que mató o hirió a diecinueve oficiales y a seiscientos soldados del regimiento francés en un solo segundo –tras lo cual el resto del grupo se descompuso y escapó. La famosa orden dada a las tropas americanas revolucionarias en Bunker Hill –«No disparéis hasta que les veáis el blanco de los ojos»– no era una bravuconada; se trataba de la doctrina táctica convencional de la época.

Ejercicios con mosquetes de *L'Art Militaire pour l'Infanterie*,
de Von Wallhausen, 1630

En una batalla del siglo XVIII, la tarea de un soldado raso consistía básicamente en llevar a cabo las varias docenas de complicados movimientos necesarios para cargar el mosquete y apuntar mientras se enfrentaba a lo que venía a ser un escuadrón de tiro situado apenas a cien metros. Para conseguir que los hombres hicieran eso hacían falta años de entrenamiento y una disciplina totalmente implacable: según las normas del ejército prusiano, «si durante una acción un soldado parece a punto de huir, o llega a poner un pie fuera de la línea, el suboficial que esté detrás lo atravesará con la bayoneta y lo matará en el acto».[8]

«Jamás se me pasó por la cabeza que estuviéramos en guerra»

En una batalla del siglo XVIII, el número de víctimas rivalizaba con cualquier otro de las guerras antiguas: en Blenheim, en 1704, en un solo día y durante cinco horas de combate los vencedores perdieron 12.500 hombres (el 24% de su fuerza) y los perdedores sufrieron 20.000 bajas entre muertos y heridos (el 40% de su fuerza). En la Guerra de los Siete Años (1756-1763), el ejército prusiano contabilizó 180.000 muertos, el triple de los efectivos con los que empezó.[9] Sin embargo, el siglo y medio comprendido entre la Guerra de los Treinta Años y la Revolución Francesa (1648-1789) fue en realidad una época de guerra limitada.

Las batallas fueron adquiriendo mayores dimensiones −con una media de diez mil a treinta mil soldados por bando en el transcurso de la Guerra de los Treinta Años, hasta los cien mil en las principales batallas del siglo XVIII−, pero su impacto en la sociedad civil fue muy pequeño. Algún territorio lejano quizá cambiara de manos o en algún sitio tal vez accedía al trono un candidato distinto, pero la población, la prosperidad y la industria seguían creciendo en la mayor parte de Europa, y las guerras apenas quedaban registradas en la conciencia del ciudadano corriente. En el momento álgido de la Guerra de los Siete Años (1756-1763), el novelista angloirlandés Laurence Sterne se marchó de Londres a París sin sacarse el necesario pasaporte para viajar a un país enemigo («jamás se me pasó por la cabeza que estuviéramos en guerra con Francia»), pero en la costa francesa nadie lo detuvo, y a su llegada a Versalles el ministro francés de Asuntos Exteriores le hizo llegar amablemente un pasaporte.[10]

Nobles y vagabundos

En 1700, casi todos los reinos europeos habían creado un ejército permanente formado por soldados «regulares» a los que pagaba directamente el gobierno. A diferencia de los mercenarios, los soldados regulares tenían que cobrar incluso en tiempo de paz, pero eran más fiables y gracias a ello los monarcas no tenían por qué depender de que ciertos ciudadanos corrientes les proporcionaran ayuda militar en una crisis. Así pues, los ejércitos de Europa acabaron componiéndose en casi todas partes de «nobles y vagabundos».

Las recién centralizadas monarquías sobornaron a la vieja clase aristocrática concediéndole el monopolio de los puestos de los oficiales en los nuevos ejércitos regulares: los nobles estaban perdiendo su verdadero poder en la medida en que la fuente de riqueza pasaba continuamente de la tierra al comercio, pero tenían que mantener su prestigio. Sus soldados procedían del otro extremo del espectro social: los mejores eran los campesinos sin tierra; los peores, los borrachos y los delincuentes declarados. Se creía que para mantener a esos hombres controlados hacía falta usar el látigo y la soga: «En general, el soldado común debe temer a sus oficiales más que al enemigo», decía Federico el Grande;[11] por su parte, Wellington comentaba sobre sus tropas: «No sé si asustan al enemigo, pero, válgame Dios, ¡a mí sí me asustan!». No obstante, el soldado entrenado, aunque despreciado como individuo, era un bien caro cuya vida el Estado era reacio a malgastar en la batalla.

Limitaciones

Los países hacían sus guerras sobre todo con los soldados de que disponían de entrada, pues para inculcar las complejas instrucciones y la obediencia ciega e instantánea que volvería útiles a los soldados en la batalla, hacían falta varios años de formación repetitiva acompañada de violencia física como castigo por el mínimo error. Esto significaba que los ejércitos debían mantenerse en plena forma incluso en época de paz, lo que incrementaba el gasto. Por otro lado, los soldados siempre podían desertar, sobre todo si la batalla era inminente.

Los ejércitos europeos de entonces no podían «vivir de la tierra»: si se hubiera permitido a los soldados buscar comida, el ejército se habría descompuesto. Por tanto, tenía que haber cierto almacén cercano a la zona de operaciones, creado con mucha antelación, donde se guardasen grandes cantidades de comida para las tropas. Los hornos de campaña que cocían el pan podían desplazarse hasta cien kilómetros del almacén, y los carros podían transportar el pan otros sesenta kilómetros hasta el ejército, pero aquí estaba el límite. En teoría, ningún ejército era capaz de avanzar más de ciento cincuenta kilómetros en territorio enemigo sin montar un nuevo almacén. Pese al rígido control al que estaban sometidos (y las meticulosas normas de intendencia), durante la Guerra de los Siete Años 80.000 hombres consiguieron desertar del ejército ruso y 70.000 del francés.[12]

Arma de asedio del duque de Marlborough en la Batalla
de Schellenberg, 1704

Además, los ejércitos solo podían combatir cuando había hierba en el campo (de mayo a octubre), pues normalmente un ejército de 100.000 hombres iba acompañado de 40.000 animales, que pastaban por más de tres mil metros cuadrados de hierba al día, por lo que los ejércitos estaban gran parte del tiempo simplemente desplazándose a nuevos pastos.[11] En consecuencia, las guerras se producían principalmente en zonas fronterizas bien definidas llenas de fortalezas y se basaban sobre todo en asedios. En 1708, el armamento de asedio de Marlborough constaba de dieciocho armas pesadas y veinte morteros de asedio para cuyo transporte hicieron falta 3.000 carros y 16.000 caballos que ocupaban casi cincuenta kilómetros de caminos. Los ejércitos maniobraban para amenazar las líneas de suministro respectivas y forzar una retirada, pero las batallas de verdad eran relativamente raras pues los soldados eran demasiado caros para desperdiciarlos. Así lo expresó en 1732 el mariscal francés Saxe: «No soy partidario de las batallas campales […] y estoy convencido de que un general habilidoso podría hacer la guerra toda su vida sin verse obligado a participar en ninguna batalla así».[14]

Todas las limitaciones prácticas sobre la guerra se vieron reforzadas por el hecho de que los participantes estaban viviendo en un sistema de equilibrio de poder: ninguna gran potencia podía sufrir una derrota total, pues los otros intervendrían para impedir que el ganador asumiera el control del conjunto del sistema. De todos modos, el inconveniente de este pacto tácito es que arrastraba a todas las potencias importantes a cualquier guerra que involucrase a algún actor principal; y así se convertía en una «guerra mundial». El término es relativamente nuevo, pero el concepto no. Durante más de trescientos cincuenta años, desde la Guerra de los Treinta Años, casi todas las contiendas europeas importantes, al margen de su origen concreto, se extendieron con rapidez para implicar a las grandes potencias de la época.

GUERRA DE LOS TREINTA AÑOS → época de guerra limitada bajo el sistema de equilibrio de poder → los conflictos bilaterales tienden a ampliarse y convertirse en conflictos multilaterales o guerras «mundiales»

En el siglo XVIII, en que los imperios europeos controlaban además casi todo el resto del planeta, también hubo guerras mundiales en el sentido puramente geográfico del término. Durante la Guerra de los Siete Años, por ejemplo, no ocurrió solo que las potencias europeas de Francia, Austria, Suecia y Rusia se enfrentaran a Reino Unido, Prusia y Hanover, sino que también hubo enfrentamientos en todos los continentes salvo Australia. En el acuerdo de paz, Reino Unido, el principal vencedor, se quedó con Canadá, Senegal y algunas islas de las Indias Occidentales. También retuvo casi todos los frutos de las victorias militares de Clive en la India, si bien tuvo que devolver Cuba, las Filipinas y Argentina a España. Los únicos aspectos en los que la Guerra de los Siete Años no encajaba en la definición moderna de guerra mundial eran la letalidad de las armas y la magnitud de los daños.

«Conquistando el mundo»

Efectivamente, Europa «conquistó el mundo», por así decirlo, aunque esto pasó en dos fases diferentes, y en la primera todo fue muy fácil. La conquista europea de los pueblos americanos de la Edad de Piedra en los siglos XVI y XVII no requirió tecnología ni organización de orden superior. Diversas enfermedades epidémicas de efecto mortal rápido, evolucionadas a lo largo de diez mil años en las abarrotadas ciudades de Eurasia, devastaron las poblaciones indígenas antes de que se disparase un solo tiro. A lo largo de la década de 1500, la población humana de las Américas disminuyó al menos en un 90% debido a las enfermedades epidémicas, y cuando los bosques ocuparon las granjas abandonadas (los indígenas eran casi todos campesinos), los nuevos árboles extrajeron de la atmósfera tanto dióxido de carbono que contribuyeron a desencadenar la «Pequeña Edad de Hielo».[15]

Las verdaderas conquistas todavía exigían violencia militar, desde luego, pero los caballos de los europeos y sus armas de hierro intimidaban a los nativos, a quienes la metódica crueldad euroasiática de los invasores los desconcertó y volvió pasivos. En todo caso, cualquier otro poder civilizado –el Imperio otomano de Oriente Medio, el Imperio mogol de la India o el Imperio chino– habrían sometido a esos pueblos americanos con la misma facilidad si hubieran contado con barcos de alta mar y el impulso comercial para llegar hasta allí. En tierra, el mundo musulmán era sin duda muy poderoso: sus ejércitos seguían siendo más o menos equiparables a los de la Europa cristiana, y todavía en 1683 un ejército otomano fue capaz de sitiar Viena, más cerca de París que de Estambul.

Llegados a este punto, el poder europeo en otras partes de Eurasia, incluso en África, casi nunca se extendió tierra adentro, más allá del alcance de un cañonazo: sus barcos eran imbatibles, pero sus ejércitos no tanto. La segunda fase de la conquista (1700-1900) –cuando los británicos se adueñaron de casi toda la India, las fronteras otomanas comenzaron a contraerse por la presión austríaca y rusa, y por fin África quedó bajo el dominio colonial– fue más exigente desde el punto de vista militar, pero solo al final de ese período realizó la tecnología armamentística europea progresos significativos. No obstante, la rígida disciplina y la organización implacablemente eficiente de los europeos en el uso de esas armas, respaldadas por su rápido crecimiento económico, no pudieron ser igualadas por sus adversarios en ninguna parte.

Por tanto, a un europeo de la última generación anterior a la Revolución Francesa la guerra le habría parecido, en el peor de los casos, un mal soportable. Las otras partes del mundo iban cayendo una a una bajo el dominio europeo, mientras que en Europa las ciudades no eran saqueadas, la población no afrontaba tributos fiscales insoportables ni tenía por qué mandar a sus hijos a la guerra, y no desaparecían ni se disolvían en el caos países enteros como consecuencia de los conflictos bélicos. La institución de la guerra estaba controlada, limitada y racionalizada (como se habría podido decir en esa época tan racional).

Sin embargo, en el siglo XVIII pocos se daban cuenta de lo frágiles que eran todas esas limitaciones.

6
Guerra masiva
(1790-1900)

Revolución

El equilibrio de poder seguirá fluctuando, y nuestra prosperidad y la de los reinos vecinos quizás experimenten altibajos; de todos modos, estos episodios parciales no pueden, en esencia, perjudicar nuestro estado general de felicidad [...] En tiempo de paz, el progreso del conocimiento y la industria se acelera debido a la emulación de muchos rivales activos; en tiempo de guerra, las fuerzas europeas están habituadas a las contiendas moderadas y no concluyentes.

Edward Gibbon, 1782[1]

Desde este momento hasta aquel en que nuestros enemigos sean expulsados del territorio de la república, se requiere a todos los franceses que sirvan en el ejército de forma permanente. Los jóvenes combatirán; los hombres casados forjarán armas y transportarán suministros; las mujeres coserán tiendas y ropa y atenderán en los hospitales [...] Los edificios públicos se convertirán en cuarteles, las plazas públicas serán fábricas de municiones [...] Todas las armas de fuego del calibre adecuado serán entregadas a los soldados [...] La caballería se incautará de todas las sillas de montar; todos los caballos de tiro no usados en la labranza arrastrarán los carros de la artillería y de aprovisionamiento.

Decreto de la Convención Nacional, París, 1793[2]

El mundo idílico descrito por Gibbon duraría menos de una década desde que escribiera esas palabras; por otro lado, para la gran mayoría de la población jamás fue tan idílico. De algún modo, los monarcas absolutos europeos comprendían que en las «clases bajas» de la sociedad había resentimiento, incluso indignación, y que no debían explotar los recursos militares de sus reinos al máximo en la guerra, porque en caso de hacerlo podían desencadenar movilizaciones políticas y sociales que amenazarían sus tronos. Solo eran seguras las guerras limitadas. Sea como fuere, las ideas sobre igualdad y democracia se habían convertido en moneda corriente en el pensamiento de finales del siglo XVIII, hasta el punto de que, cuando escribía Gibbon, la primera revolución basada en esas ideas estaba triunfando en los nuevos Estados Unidos.

Ejércitos de masas

En 1789 llegó la revolución a Francia, por aquel entonces con diferencia el país europeo más rico y poblado. Las demás monarquías de Europa enseguida vieron que eso era una amenaza en toda regla y lanzaron sus ejércitos contra Francia para acabar con la revolución. La Convención Nacional respondió decretando el servicio militar obligatorio, de modo que el día de Año Nuevo de 1794 los ejércitos franceses contaban aproximadamente con 770.000 hombres.[3] Las subsiguientes guerras protagonizadas por ejércitos de leva devastaron Europa durante las dos décadas siguientes.

Mediante sus principios de libertad e igualdad, la Revolución Francesa primero estimuló, y luego explotó, un nacionalismo ferviente que volvió aceptable el reclutamiento. Los entusiastas soldados de la «nación en armas» mostraban la lealtad y la iniciativa necesarias para combatir en formaciones más abiertas y móviles, y eran tantos que solían arrollar a las tropas regulares del Antiguo Régimen.

Como en los nuevos ejércitos franceses era menos probable la deserción, los soldados podían vivir de la tierra: si no había pan, cavaban en los campos en busca de patatas. Por tanto, podían prescindir de los almacenes y de las cadenas de suministros de otros tiempos y desplazarse más lejos y más rápido: su campo de prácticas máximo ya no eran 150 km. También se les daba libertad para perseguir y destruir a un enemigo en retirada sin miedo a que desertaran, por lo que las batallas ya no acabarían más en tablas. Tal como dijo Karl von Clausewitz, un oficial prusiano que luchó contra las fuerzas revolucionarias por primera vez a los doce años, en 1793, «la fuerza colosal de todo el pueblo francés, trastornado por el fanatismo político, nos aplastó».[4]

El emperador Napoleón I pasando revista a los Granaderos de la Guardia
Imperial, el 1 de junio de 1811, en París

Después de que Napoleón se coronara emperador en 1804, casi dejó de hablarse de los ideales democráticos de la revolución: ahora el objetivo de la guerra era simplemente establecer la dominación francesa en toda Europa. No obstante, Napoleón logró seguir en guerra casi permanente durante casi diez años más, alimentando el nacionalismo francés a base de una dieta invariable de victorias militares y recurriendo a la coacción si hacía falta. Entre 1804 y 1813 reclutó a 2,4 millones de hombres, de los cuales, al final del imperio, volvieron a casa menos de la mitad. «Los soldados sirven para que los maten», dijo una vez, aunque a medida que pasaba el tiempo los reclutas mostraban menor disposición. En 1810, el 80 % de la cuota anual de reclutas franceses no se presentaba voluntariamente.[5]

La guerra todavía era muy cara, pero el muy centralizado gobierno creado por el régimen revolucionario podía sacar de la economía más de lo que se habría atrevido a exigir la vieja monarquía francesa. Las nuevas fábricas de armas pertenecientes al estado se beneficiaban de unos estrictos controles sobre precios y salarios. Se requisaban sin más material, comida o caballos, que se pagaban más adelante –o no– según precios fijados por el gobierno. Por otro lado, en la primera época, como empezaron a acumularse las conquistas, llegó tanto dinero del extranjero que durante un tiempo, en realidad, en Francia las guerras se pagaron solas.

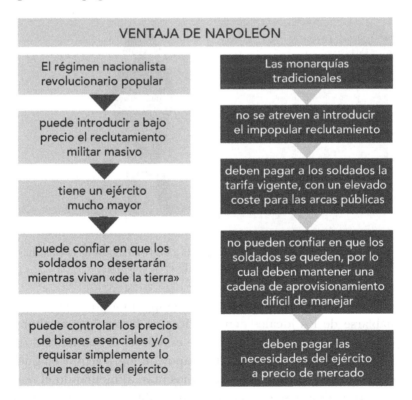

VENTAJA DE NAPOLEÓN

El régimen nacionalista revolucionario popular	Las monarquías tradicionales
puede introducir a bajo precio el reclutamiento militar masivo	no se atreven a introducir el impopular reclutamiento
tiene un ejército mucho mayor	deben pagar a los soldados la tarifa vigente, con un elevado coste para las arcas públicas
puede confiar en que los soldados no desertarán mientras vivan «de la tierra»	no pueden confiar en que los soldados se queden, por lo cual deben mantener una cadena de aprovisionamiento difícil de manejar
puede controlar los precios de bienes esenciales y/o requisar simplemente lo que necesite el ejército	deben pagar las necesidades del ejército a precio de mercado

Las monarquías que combatían contra los franceses tenían una tarea mucho más difícil, pues tenían que igualar el tamaño de los ejércitos revolucionarios pero no se atrevían a imponer el servicio militar obligatorio. Tenían que pagar el sueldo vigente a los soldados regulares, lo cual suponía una pesada carga para el erario público. De hecho, Reino Unido, que tuvo que subvencionar a casi todas las demás monarquías, en 1799 se vio obligado a introducir el primer impuesto sobre la renta para cumplir con sus compromisos.

Esto aún no bastaba: Napoleón y sus mariscales seguían ganando todas las batallas, en parte porque él era un comandante magnífico, pero también porque contaba con un suministro casi inagotable de carne de cañón. Tampoco los diversos reyes, príncipes y duques pudieron salvar su trono colaborando con Napoleón. Desde el principio, los ejércitos revolucionarios franceses sustituyeron las monarquías por regímenes republicanos (cuidadosamente elegidos por su condición profrancesa) en los países que conquistaban. Napoleón fue más lejos al anexionarse reinos enteros o convertirlos en satélites, en los que colocaba como gobernantes a sus propios parientes o mariscales de campo. Si los monarcas querían conservar el trono, deberían asumir el riesgo de armar a su propio pueblo. Al final, algunos lo hicieron.

Medios de comunicación de masas

A finales del siglo XVIII y principios del XIX no se produjeron grandes cambios tecnológicos, y tampoco hubo ninguna afluencia repentina de nueva riqueza. Los mosquetes de ánima lisa de la infantería eran los mismos desde hacía varias generaciones, y tal era también el caso de los buques de guerra. Las verdaderas transformaciones eran políticas, no militares: por primera vez en la historia, las sociedades de masas habían encontrado un método para deshacerse de sus gobernantes autocráticos y revitalizar los viejos principios humanos de igualdad.

En menos de quince años, diversas revoluciones populares derrocaron a monarcas, primero en las colonias británicas (tres millones de habitantes) y luego en Francia, el país más grande de Europa (con una población de treinta millones). Estos fueron los primeros países importantes cuyos valores oficiales se acercaban más a los de nuestros antepasados cazadores-recolectores que a la jerarquía del hormiguero. ¿Por qué pasaba esto ahora y por qué en Europa y no en los imperios islámicos o en China?

Casi seguro que la respuesta apunta a la invención del primer medio de comunicación de masas: las letras de molde. En un principio, la imprenta había sido un invento chino, como lo fueron los tipos móviles, si bien la imprenta tuvo mucho más impacto en los países occidentales por varias razones, siendo la principal probablemente los diferentes niveles de alfabetización. En Occidente, la Reforma había vuelto primordial la relación del individuo con Dios, y, por tanto, la lectura y la comprensión de la palabra de Dios en la Biblia, lo que sobrealimentó el impulso hacia la alfabetización. En el Imperio otomano y China, sin embargo, leer y escribir siguieron siendo durante muchísimo tiempo actividades circunscritas a una clase específica. Todavía en 1900, solo el 10 % de los chinos estaban alfabetizados; en 1935, solo el 15 % de los turcos sabían leer. La verdad es que el público potencial no estaba ahí. Mientras tanto, en 1700 la alfabetización masculina en Inglaterra era del 40 % y en Nueva Inglaterra del 70 % [5a].

Aún había pocos periódicos, pero se veían libros y panfletos por todas partes. En el siglo xv se imprimieron en Europa diez millones de libros, pero en el xvi ya fueron doscientos millones, en el xvii quinientos y en el xviii mil.[6] *Common Sense* [Sentido común], el panfleto de 49 páginas de Thomas Paine publicado en 1776 en Filadelfia, abogaba por la creación en los Estados Unidos de una república independiente y democrática cimentada en principios igualitarios: «Está en nuestras manos volver a empezar el mundo de nuevo». En tres meses, se vendieron 120.000 ejemplares en las Trece Colonias, y puede que leyera el opúsculo la mitad de la población. La clave, naturalmente, es que la gente *sabía* leer.

Sentido común

Como los índices de alfabetización aumentaban y los libros impresos estaban ampliamente disponibles, lo que estaba pasando realmente era que la capacidad para mantener una discusión entre iguales sobre medios y fines, elemento fundamental para la toma de decisiones en las sociedades de cazadores-recolectores, estaba siendo recuperada por sus descendientes lejanos de las sociedades occidentales de masas. Como para millones de personas seguía siendo imposible reunirse en el mismo lugar y tener un debate sensato, los libros podían exponer y analizar ideas para su consideración, ideas capaces de dinamizar sociedades enteras. Una nueva y mucho más vaga versión de la «jerarquía de dominación inversa» de Boehm podía volver compatibles los valores igualitarios incluso en las sociedades de masas.

Y esto es lo que pasó. Tan pronto las sociedades de masas resolvieron el problema del número y recuperaron la capacidad para discutir sus asuntos y tomar decisiones de manera colectiva, la estructura piramidal del poder y los privilegios en los países civilizados –que nunca gozó de simpatía entre la mayoría de la gente– ya no era una necesidad inevitable. Las sociedades podían volverse autónomas –democráticas, en otras palabras–, y en cuanto esto fue una realidad, las personas recordaron que siempre habían preferido la igualdad a la jerarquía. Empezaron las revoluciones, y aunque muchas fueron aplastadas, no cesaron. En la actualidad, una proporción significativa de la población mundial vive en sociedades más o menos democráticas, y casi todas las demás pretenden serlo.

El retorno del principio de igualdad no volvió automáticamente pacíficos a sus beneficiarios, como demuestra a las claras el ejemplo de la Francia revolucionaria –pero, claro, nuestros antepasados cazadores-recolectores tampoco eran precisamente muy pacíficos. Si la democracia llegaba a ser la forma política dominante en el planeta, se abrían algunas posibilidades nuevas e interesantes, si bien en un futuro lejano. En aquel entonces, por desgracia, el principal efecto de las revueltas populares fue el de mostrar a los países europeos cómo podían sacar provecho del pseudoigualitarismo, mejor conocido como nacionalismo, y lograr que poblaciones enteras se involucraran en la guerra.

Antecesor del nacionalismo

Una vez Napoleón se hubo proclamado a sí mismo emperador de los franceses, para los países que sufrían sus ataques acabó siendo más seguro armar a su propia gente. La revolución había terminado, y los ejércitos franceses ya no eran libertadores, sino solo extranjeros que atacaban a la patria. Los reyes supervivientes, tras haber concluido su proceso de aprendizaje, ahora comprendían que podían explotar los sentimientos nacionales de su pueblo a fin de organizar la resistencia contra los franceses. En España, por ejemplo, que estuvo media década ocupada por tropas invasoras del país vecino, numerosos combatientes civiles de la resistencia emprendieron una «guerrilla» nacionalista en nombre del rey exiliado. Apoyados por el ejército británico de Wellington estacionado en Portugal, con los años mataron a tantos soldados franceses como los que morirían en la catastrófica campaña rusa de Napoleón.

Tras haber sometido temporalmente al resto de países del continente, cuando en 1812 Napoleón invadió finalmente Rusia con 440.000 hombres, el nacionalismo ruso se movilizó y logró un efecto similar. En la historia rusa, la campaña se conoce como «la Gran Guerra Patriótica», en la que los combates fueron más despiadados debido a un antagonismo nacional inexistente en la época de las guerras limitadas y los ejércitos profesionales. En la Batalla de Borodinó, el último bastión ruso antes de Moscú, descrita por los dos relatos de testigos oculares que vienen a continuación, los rusos perdieron 35.000 hombres, y los franceses 30.000.

> Cuando llegamos a la cima del barranco, fuimos ametrallados desde la batería [delante de nosotros] y otros que la flanqueaban, pero nada nos detuvo. Pese a mi herida en la pierna, hice como mis hombres y evité los disparos que rebotaban en nuestras filas. Hileras enteras, incluso la mitad de algunos pelotones, caían bajo el fuego enemigo y dejaban enormes huecos […] Una línea rusa trató de pararnos, pero a treinta metros disparamos una andanada y cruzamos. Acto seguido, nos abalanzamos hacia el reducto y trepamos por las troneras. Entré justo después de que una pieza hubiera sido disparada. Los artilleros rusos nos recibieron con mazas y barras, y luchamos cuerpo a cuerpo. Eran adversarios temibles. Muchos franceses cayeron en pozos de fusileros, y se mezclaron con los rusos que ya los ocupaban.
>
> Capitán Charles François, 30° Regimiento[7]

Era terrible ver esa enorme masa de soldados acribillados. Los franceses y los rusos entremezclados, y había muchos hombres heridos incapaces de moverse, tirados en ese caos desolador que compartían con los cadáveres de los caballos y los restos de los cañones destrozados.

Mariscal de campo príncipe Mijaíl Barclay de Tolly, ministro ruso de la Guerra y comandante en jefe, 1810-1815[8]

Napoleón ganó todas las batallas, incluida la de Borodinó, e incluso ocupó Moscú, pero los rusos no aceptaron la derrota. Siguiendo órdenes de Tolly, destruyeron sus propias cosechas y almacenes de comida para que no acabaran en manos de los franceses, y a la larga Napoleón tuvo que batirse en retirada en pleno invierno por falta de provisiones. Solo unos miles de franceses lograron salir vivos de Rusia.

Entran en escena los prusianos

Tras reclutar a la quinta de 1814 y cancelar todos los permisos, en la primavera de 1813 Napoleón fue capaz de formar otro gran ejército,

La retirada de Rusia de la *Grande Armée* de Napoleón en 1812, por Johann Klein

si bien ahora incluso en Francia escaseaba la mano de obra. Algunos de los reclutas nuevos entraban en combate con apenas una semana de entrenamiento. Por fin los prusianos impusieron el alistamiento obligatorio, pero más en serio. Aunque en Europa no había un reino más autocrático y más plagado de desigualdades y privilegios de clase que Prusia, la ley de 1813 exigía que todos los hombres prusianos sirvieran tres años en el ejército regular una vez hubieran cumplido 20 años, a los que seguían dos años en la reserva activa y catorce más en el *Landwehr* (ejército territorial).[9]

En el inicio de la nueva guerra contra Napoleón, los reformadores del ejército prusiano crearon una nueva condecoración por actos de valentía que rompía todas las reglas de la sociedad prusiana, pues podía concederse por igual a campesinos, burgueses o nobles: la Orden de la Cruz de Hierro. El decreto rezaba así:

En la actual gran catástrofe en la que todo está en juego por la Nación, el vigoroso espíritu que eleva tanto la Nación merece ser honrado y perpetuado en algunos monumentos peculiares. La perseverancia mediante la cual la Nación aguantó los irresistibles males de una época de hierro no se encogió con timidez, lo cual está demostrado en el gran coraje que ahora anima todo pecho y que podría sobrevivir solo si se basa en la religión y la verdadera lealtad al Rey y al País.[10]

Los reformadores confiaban en que, mediante una combinación de patriotismo y obligación, el servicio militar obligatorio funcionaría incluso sin el ideal revolucionario de la igualdad de todos los ciudadanos, en que los hombres podían ser seducidos por la promesa de una igualdad en la batalla que les era negada en la vida cotidiana. Y resultó que tenían razón.

«Denme un ejército nacional», había pedido el mariscal Blücher a los reformadores prusianos, y en 1813 tenía uno. Los batallones *Landwehr* de reclutas, que triplicaban el tamaño de su ejército, desempeñaron un papel destacado en las dos derrotas decisivas de Napoleón: en 1813, en la Batalla de Leipzig (o de las Naciones), y en 1815, en Waterloo.

> Al principio, los batallones *Landwehr* eran un tanto mediocres, pero después de haber tragado gran cantidad de pólvora, lo hicieron igual de bien que los batallones de la Línea.
>
> Mariscal Blücher[11]

Certificado de la Cruz de Hierro de 2.ª clase para Edgar Wintrath, octubre de 1918

Las batallas de las Guerras Revolucionarias y Napoleónicas fueron, en promedio, más importantes que las del siglo XVIII, pero en esencia no se diferenciaban en nada y las armas utilizadas eran prácticamente idénticas. El gran cambio se produjo en el número de batallas. En la época antigua o en la Guerra de los Treinta Años, podía haber tres o cuatro batallas al año, y no eran frecuentes los enfrentamientos entre ejércitos enemigos que superasen en total los 100.000 hombres. Durante el período 1792-1814 hubo 49 batallas así, y, por término medio, tenían lugar enfrentamientos más pequeños pero igualmente importantes más de una vez a la semana en uno u otro de los distintos frentes donde había campañas en marcha.[12] Murieron al menos cuatro millones de personas –la gran mayoría de las cuales eran soldados–, cifra sin precedentes en la historia. Sin embargo, la sociedad europea no cedió a la presión. Los países europeos habían creado la riqueza, las técnicas organizativas y los métodos de motivación que hacían falta para librar guerras masivas con un grado de participación popular que no había alcanzado antes ninguna otra sociedad civilizada.

IMPRENTA Y ALFABETIZACIÓN MASIVA

reaviva ideales igualitarios durante mucho tiempo latentes

regímenes revolucionarios democráticos con grandes ejércitos

regímenes autocráticos agitan el patriotismo popular para que los ayude a competir

ejércitos completos más grandes, con hombres motivados por una lealtad nacional apasionada

MÁS BATALLAS, MÁS MUERTES

Calma antes de la tormenta

Quien utiliza la fuerza incansablemente sin pensar en el posible derramamiento de sangre debe obtener una superioridad si el adversario emplea menos vigor en su actuación [...] Introducir en una filosofía de guerra un principio de moderación sería un absurdo. La guerra es un acto de violencia llevado a sus límites extremos.

Karl von Clausewitz, 1819[13]

Karl von Clausewitz era un prusiano veterano de las Guerras Napoleónicas cuyos escritos sobre la teoría de la guerra llegaron a ser un evangelio para sucesivas generaciones de soldados. No obstante, en el siglo XIX sí sobrevivió una forma de restricción en la magnitud de la violencia: por lo general, a la población se le ahorraban los horrores de la guerra.

Esto obedecía a tres razones. En primer lugar, la producción industrial de armas y material aún era mucho menos importante que el papel de las propias masas de soldados. Asimismo, en cualquier caso los ejércitos carecían de armas capaces de alcanzar las fábricas del enemigo. Por último, los soldados eran verdaderamente reacios a apuntar con sus armas a la población civil. Por desgracia, cuando las dos primeras condiciones cambiaron, la tercera no supuso obstáculo alguno.

Tras la derrota de Napoleón en Waterloo –en su intento de regreso en 1815–, durante cuarenta años hubo paz entre los principales países europeos. Además, tuvo lugar una fuerte reacción conservadora contra los excesos de la Revolución Francesa, y entre las peligrosas innovaciones descartadas en general estaba el ejército de masas basado en el alistamiento obligatorio; la mayor parte de Europa recuperó los ejércitos pequeños y profesionales. Sin embargo, cuando en 1854-1870 llegó la avalancha de guerras de mediados de siglo, todas las potencias europeas importantes excepto Reino Unido, protegida por su armada, habían reinstaurado el servicio militar obligatorio; por otro lado, en esa época también empezaron a filtrarse en la guerra nuevas tecnologías.

Guerra Civil Norteamericana (o de Secesión)

La guerra más importante de mediados del siglo XIX no se libró en Europa. Fue la Guerra Civil Norteamericana, en la que murieron 622.000 soldados –más que en las dos guerras mundiales y las de Corea, Vietnam, Afganistán e Irak en conjunto– de una población que solo era una décima parte de la actual. Ambos bandos enseguida recurrieron al servicio militar obligatorio, con lo que los ejércitos resultantes fueron enormes. El ejército de los EE. UU. reclutó a casi dos millones de hombres durante los cuatro años de guerra, y los confederados a casi un millón, de una población total de solo 31 millones de personas. Y una quinta parte de los alistados murieron.

A lo largo de la década anterior se había acabado implantando el mosquete estriado, que quintuplicaba efectivamente la distancia a la que un soldado de infantería corriente podía alcanzar a su adversario, y en cuestión de meses, las unidades de infantería defensora estaban poniéndose a cubierto tras obstáculos naturales siempre que era posible. En la práctica, la distancia a la que los soldados abrían fuego no cambió mucho con respecto a la época de los mosquetes de ánima lisa: la distancia promedio a la que se abría fuego en el combate era solo de 116 metros. De todos modos, como la precisión había mejorado mucho, la mayoría de los soldados apuntaban bien al disparar. Y muchos daban en el blanco.[14]

La nueva costumbre de la infantería de ponerse a cubierto cuando fuera posible fijó el rumbo de enfrentamientos como la Segunda Batalla de Bull Run, cuando los virginianos de Stonewall Jackson se alinearon tras un desmonte para defenderse del ataque de una infantería norteña tres veces superior en número. En el momento álgido del combate, un oficial del norte cabalgó a través del humo de pólvora, adelantándose mucho a sus tropas, y llegó al borde del desmonte milagrosamente intacto. Se paró unos instantes, con la espada en la mano, algo tan inútil como ser valiente. Algunos soldados sureños de abajo empezaron a gritar «¡No lo matéis, no!». Pero en cuestión de segundos, el oficial y su caballo fueron abatidos por hombres menos románticos.

Yo participé en dos grandes batallas, y oí silbar las balas en ambas ocasiones, y sin embargo apenas vi un rebelde que no estuviera muerto, herido o prisionero. Incluso recuerdo lo que decían oficiales de Línea que habían estado en la Batalla de Chancellorsville: «Vaya, nunca vimos rebeldes donde estábamos nosotros; solo humo y arbustos, y montones de nuestros hombres heridos», y ahora lo entiendo mejor [...] Pon a un hombre en un hoyo, y una buena batería en una colina a su espalda, y rechazará a atacantes tres veces superiores en número aunque no sea un gran soldado.

Coronel Theodore Lyman, 1869[16]

Junto a los rifles monotiro de avancarga que provocaron el caos en la Segunda Batalla de Bull Run, en la Guerra Civil Norteamericana se usaron precursores de prácticamente todas las armas actuales. Había fusiles de retrocarga, como el repetidor Henry de siete disparos;

las primeras ametralladoras de manivela, como la Gatling; cañones con cargador de nalgas estriado; submarinos; buques blindados, e incluso una modalidad primitiva de reconocimiento aéreo mediante globos de aire caliente. Gracias a la extensa red ferroviaria, las tropas pudieron recorrer largas distancias con rapidez –las batallas de la Guerra Civil fueron las primeras de la historia en que la infantería no participó exclusivamente a pie–, y el telégrafo ayudó a los generales a coordinar los movimientos de grandes fuerzas diseminadas por un área extensa.

En cierto modo, la Guerra Civil se produjo justo a tiempo. Si se hubiera retrasado diez o quince años, la mayoría de aquellas armas nuevas habrían estado disponibles en gran número y en modelos fiables, por lo que todo habría sido como en la Primera Guerra Mundial. El caso es que entonces eran en su mayoría raras y poco fiables. La artillería resultaba especialmente inoperante, pues su alcance no era mucho mayor que el de los mosquetes estriados de la infantería. De los 144.000 soldados norteamericanos de quienes se conoce la causa de la muerte, 108.000 cayeron abatidos por balas de rifle, solo 12.500 por fragmentos de proyectil y 7.000 por espadas y bayonetas.

Soldados en las trincheras antes de la batalla de Petersburg,
Virginia, 1865

Veinte años después, cuando la artillería de campaña sería capaz de disparar con precisión a más de 1,5 km de distancia y las explosiones de los proyectiles generaban centenares de fragmentos mortales en un radio de 6 m, las cifras habrían sido muy diferentes. Incluso sin la artillería actual, al final los campos de batalla de la Guerra Civil adoptaron un aspecto siniestramente moderno: en 1865, en las líneas del frente alrededor de Petersburg, los atrincheramientos llegaron a ser tan complejos —contaban incluso con refugios subterráneos, alambradas de púas y puestos de escucha— que prefiguraban las trincheras de la Primera Guerra Mundial.

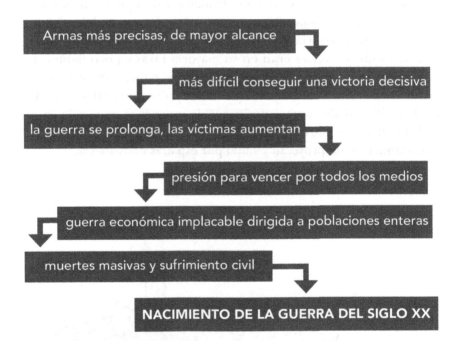

Armas más precisas, de mayor alcance

más difícil conseguir una victoria decisiva

la guerra se prolonga, las víctimas aumentan

presión para vencer por todos los medios

guerra económica implacable dirigida a poblaciones enteras

muertes masivas y sufrimiento civil

NACIMIENTO DE LA GUERRA DEL SIGLO XX

La Guerra Civil también puso de manifiesto lo difícil que sería en el futuro lograr una victoria decisiva incluso contra un adversario relativamente débil. El Norte superaba efectivamente al Sur en recursos humanos militares (pues la Confederación no recurrió a su numerosa población de esclavos negros como fuente de soldados) y sus recursos industriales al menos sextuplicaban los del adversario. En el año anterior al de la separación de los Estados sureños, el Norte produjo el 94 % del acero del conjunto del país, el 97 % del carbón y el 97 % de las armas de fuego.[17] No obstante, para doblegar al Sur, hicieron falta cuatro años de guerra de alta intensidad.

También hizo falta una guerra económica despiadada. Desde el principio, el Norte impuso un duro bloqueo al Sur para asfixiar su comercio de ultramar. Al final, el general William Tecumseh Sherman (a quien el presidente confederado, Jefferson Davis, llamada «el Atila [el huno] del continente americano») asoló adrede extensas zonas del Sur profundo. «No estamos luchando solo contra ejércitos hostiles sino también contra un pueblo hostil», dijo Sherman, «y hemos de conseguir que los viejos y los jóvenes, los ricos y los pobres, sientan la dureza de la guerra».[18]

A quienes protestaban y decían que esos métodos «de tierra quemada» eran inmorales, Sherman replicaba sin más: «Si el pueblo levanta un gran grito contra mi barbaridad y mi crueldad, contestaré que la guerra es la guerra y no un concurso de popularidad [...] Si quieren la paz, ellos y sus parientes deben parar la guerra».[19] Se adelantó a su época.

Guerra total

El frente continuo

Al principio habrá más masacres –masacres de tal magnitud que a las tropas les resultará imposible llevar el combate a un punto decisivo. Lo intentarán, pensando que están luchando con arreglo a las viejas circunstancias, y aprenderán una lección que las obligará a abandonar el intento para siempre. Después [...] tendremos [...] un largo período de tensión continuamente creciente sobre los recursos de los combatientes [...] En la próxima guerra, todo el mundo estará atrincherado.

I. S. Bloch, 1897[1]

Como es lógico, estas predicciones sobre la siguiente guerra importante, publicadas en ruso en 1897 por Ivan Bloch, banquero de Varsovia y ferviente pacifista, eran irrefutables. Cuando empezara la guerra, las grandes potencias llamarían a filas a millones de soldados y los mandarían enseguida en tren a la frontera. Habida cuenta de la potencia de fuego ahora disponible para cada hombre, al final eran inevitables las tablas: la parte defensiva era mucho más fuerte que la ofensiva. Sin embargo, los soldados profesionales no se tomaron en serio a Bloch, y en 1914 todos los ejércitos atacaron al mismo tiempo, convencidos de que una serie de batallas decisivas resolverían la guerra en el espacio de seis meses.

La Primera Guerra Mundial no tenía nada que ver con el comercio, con las colonias de ultramar ni con pararle los pies a ningún aspirante a conquistador. En 1914, nadie quería ni estaba planeando ninguna guerra. Las guerras entre dos países vecinos suelen tener causas específicas, más o menos racionales; los sistemas basados en alianzas de múltiples actores, desde los yanomami a las grandes potencias del siglo XX, pueden verse metidos sin proponérselo en guerras que afectan a todo el sistema.

Francia recelaba del rápido crecimiento de la población y la industria alemanas, por lo que estableció una alianza con Rusia, al otro lado de Alemania, que, al sentirse rodeada, llegó a un pacto con Austria-Hungría, que quería el respaldo alemán porque estaba compitiendo con Rusia por trozos de territorio de los Balcanes. Por su lado, Reino Unido tuvo una «entente» (casi una alianza) con Francia y Rusia, pues se sentía amenazada por el ascenso de Alemania. Todo esto eran solo planes prudentes ante posibles contingencias, no amenazas virulentas, pero si alguien se metía en una pelea, aunque fuera contra un país ajeno al sistema de alianzas (como le pasó a Austria-Hungría con Serbia en 1914), era fácil que los demás miembros de ambos pactos se vieran empujados a una gran guerra.

En apenas más de un mes, eso es justo lo que pasó, toda vez que el conjunto del sistema estaba a punto de saltar a la mínima. No debería haber sido así, pero la creencia predominante (bien que errónea) era que las batallas decisivas, las que finiquitaban guerras, serían rápidas, de modo que el primer país en movilizarse y atacar gozaría de una enorme ventaja. De hecho, los principales artefactos que pusieron fin a la guerra de movimientos y metieron a los soldados de la Primera Guerra Mundial en trincheras –rifles de cerrojo de repetición, ametralladoras refrigeradas por aire y agua, artillería de disparo rápido y gran alcance, alambre de espino y cosas así– ya estaban presentes en fase embrionaria en los campos de batalla de la Guerra Civil Norteamericana y, en versiones ya del todo maduras, en la Guerra Ruso-Japonesa de 1904-1905, si bien estos precedentes se pasaron por alto en gran medida por haber tenido lugar fuera de Europa. Pese a la advertencia de Bloch, pocos soldados atisbaban idea alguna de dónde se metían cuando en 1914 fueron a la guerra.

> Escuchamos durante una eternidad los mazos de hierro que batían nuestra trinchera. La percusión y los temporizadores, de 105, 150, 210 [...] todos los calibres. En medio de esta tempestad de fuego reconocemos al instante el obús que viene a enterrarnos. Tan pronto captamos su funesto aullido, nos miramos unos a otros angustiados. Encorvados y encogidos, nos agachamos bajo el mismo peso de su aliento, los cascos pegados; nos tambaleamos como borrachos. Las vigas tiemblan, una nube de humo asfixiante llena el refugio, se apagan las velas.
>
> Veterano francés[2]

En las dos primeras semanas de agosto de 1914, el ejército alemán multiplicó por seis su tamaño al incorporar reservistas a los regimientos. A mediados de agosto, los trenes habían transportado 1.485.000 soldados alemanes hasta las fronteras con Francia y Bélgica. Los franceses, los austríacos y los rusos llevaron a cabo similares milagros de organización; sin embargo, a mediados de octubre todos los ejércitos se pararon en seco.

La artillería de disparo rápido y las ametralladoras que lanzaban 600 balas por minuto llenaron el aire de una lluvia de acero. Quienquiera que intentara moverse en la superficie era alcanzado con seguridad. La acción de matar se había mecanizado, y los hombres se habían vuelto prisioneros de las máquinas, atrapados bajo tierra en las cada vez más numerosas trincheras.

A principios de 1915, las autoridades militares comenzaron a entender que se enfrentaban a un problema estratégico totalmente nuevo: el frente continuo. No había flancos enemigos que pudieran evitar, sino solo dos sistemas de trincheras que se extendían a lo largo de 750 km desde el canal de La Mancha hasta la frontera de la neutral Suiza. Por lo general, las líneas de combate estaban separadas por unos centenares de metros, pero en algunos casos eran menos de cien.

El frente continuo resultaba de un cálculo sencillo. Como en la segunda mitad del siglo XIX la potencia de fuego había crecido a pasos agigantados, los soldados de infantería eran capaces de controlar más proporción de frente. Ya no necesitaban ir codo con codo: en 1899, durante la Segunda Guerra Bóer, en la que los rifles podían disparar diez tiros por minuto a unos mil metros, los bóeres descubrieron que tenían la capacidad de frenar los ataques británicos solo con un fusilero cada tres metros.[3]

Si multiplicamos la amplitud del frente que un soldado de infantería podía abarcar ahora por los millones de hombres que estarían disponibles en la guerra europea, el frente continuo resultaba inevitable. Como los ejércitos eran capaces de desplegarse para ocupar todo el espacio posible, hicieron eso no solo en Francia, sino también en las enormes distancias de Rusia y más adelante en el norte de Italia, el norte de Grecia, el nordeste de Turquía, Mesopotamia (Irak) y Palestina.

Para los hombres de las trincheras, se trataba de un nuevo tipo de guerra. Salvo en los asedios, en el pasado los ejércitos enemigos entraban en contacto solo unos cuantos días al año. Ahora los soldados estaban todo el tiempo atrincherados, a tiro de piedra del enemigo. Cada día corrían peligro de morir, y cada día soportaban la desgracia de vivir en una zanja.

> Tener continuamente los pies en esa especie de engrudo provocaba quejas que acabaron conociéndose como «pie de trinchera». En el regimiento hubo montones de casos de amputación.
>
> Veterano británico

> Las ratas molestan; si estás herido y nadie se ocupa de ti, las ratas te muerden. Era un lugar sucio y repugnante en el que no se podía vivir, donde estaba toda la podredumbre conocida por la humanidad.
>
> Veterano británico

Una guerra de artillería

El frente continuo significaba que no era posible ningún movimiento hasta haber atravesado las líneas enemigas de enfrente, y todos los ataques debían ser frontales. Los generales enseguida descubrieron que, si intentaban avanzar sin ayuda, su infantería sería masacrada; la única manera de abrirse paso era destrozando las trincheras y las posiciones armadas del enemigo antes del ataque, con lo que se eliminaba su potencia de fuego. Así pues, la guerra de trincheras acabó siendo una guerra de artillería.

Ahora más de la mitad de las víctimas se debían a los proyectiles de las baterías de cañones, por lo que la fabricación de proyectiles no iba pareja a la demanda. La planificación francesa previa a la guerra había calculado que el ejército utilizaría unos 10.000 proyectiles de 75 mm al día; en 1915, pese a estar produciendo 200.000 al día, la demanda seguía sin ser satisfecha. El bombardeo británico de diecinueve días que en 1917 dio inicio a la tercera Batalla de Ypres empleó 4,3 millones de proyectiles que pesaban en total 107.000 t, la producción de un año de 55.000 trabajadores.[4]

Con todo, aún no podían avanzar de veras. Los bombardeos destruían gran parte de las ametralladoras enemigas de las trincheras de la primera línea, pero siempre sobrevivían suficientes defensores para que el avance resultara lento y caro. Aunque la infantería atacante lograse capturar las trincheras enemigas de la primera línea en un solo día, esto concedía a las reservas del enemigo tiempo suficiente para reforzar un nuevo sistema de trincheras justo detrás. Durante más de tres años, ninguna ofensiva alteró el Frente Occidental más de 15 km.

[...] las rojizas nubes de polvo de ladrillo flotan sobre los bombardeados pueblos de día, y por la noche el horizonte oriental ruge y burbujea de luz. Y en estos desolados parajes, por todas partes veo los rostros y las figuras de hombres esclavizados, columnas en marcha del color de las perlas por el polvo calcáreo en el sudor de su ropa pesada y gris; las hileras de vehículos de transporte cargados y tambaleándose en la parpadeante luz de luna del tiroteo; las «oleadas» de tropas de asalto yaciendo silenciosas y pálidas en las marcas de los puntos de partida.

Me agacho con ellos mientras el glaciar de acero justo por encima raspa cada sílaba, cada fragmento de un mensaje gritado en mi oído [...] Avanzo con ellos [...] subiendo y bajando por el terreno como un enorme panal destrozado, y mi oleada se deshace, y aparece la segunda oleada que también se deshace, y luego la tercera emerge de las ruinas de la primera y la segunda, y al cabo del rato la cuarta se mete entre los restos de las otras, y empezamos a correr hacia delante para seguir el avance del bombardeo, en grupos dispersos, tras haber olvidado todo lo aprendido durante meses de ejercicios y simulacros.

Llegamos a un alambre de púas sin cortar, y más allá vemos que asoman los cascos grises como cubos de llevar carbón [...] y el fuerte repiqueteo de las ametralladoras se convierte en un chirrido de vapor soplando desde cien motores, y pronto ya no queda nadie en pie. Al cabo de una hora, nuestras armas están «de nuevo en el primer objetivo», y la brigada, con todas sus emociones y esperanzas, ha encontrado su tumba en las cuestas septentrionales del campo de batalla del Somme.[5]

Henry Williamson, *The Wet Flanders Plain*

LAS TERRIBLES CIFRAS DEL DESGASTE

vs.

Reino Unido/Francia/Rusia   **Alemania y sus aliados**

○ = 8.000 soldados disponibles (aprox.)
● = 8.000 bajas por 2,5 km² ganados/perdidos (aprox.)

Ciertas armas nuevas, como el gas venenoso, solo incrementaron el número de víctimas sin acabar con el punto muerto, por lo que la guerra se convirtió en una simple cuestión de desgaste. En la Batalla del Somme, en 1916, los británicos se apoderaron de 116 km^2 en un enfrentamiento de cinco meses que les costó 415.000 hombres –más de 8.000 hombres por cada 2,5 km^2 inútiles–, mientras los alemanes se veían obligados a sacrificar hombres y material a un ritmo parecido. Como la población de Reino Unido, Francia y Rusia duplicaba la de Alemania y sus aliados, era probable que un número suficiente de batallas de esa magnitud a la larga les concediera ventaja (aunque esto nadie lo decía en voz alta).

Civiles

La guerra de desgaste afectó no solo a los soldados sino también a la población civil. Como los jóvenes aptos desaparecían en los ejércitos –Francia uniformó al 20 % de toda su población y Alemania al 18 %–, la economía civil también estaba efectivamente reclutada. La mano de obra y las materias primas no eran asignadas por el mercado sino mediante órdenes gubernamentales, y se impuso el racionamiento sobre la comida y los bienes de consumo escasos. Millones de mujeres

Trabajadoras de municiones haciendo funcionar tornos en una fábrica británica de proyectiles

pasaron a ser trabajadoras fabriles por primera vez en su vida para reemplazar a los hombres que habían ido a la guerra. Se empezó a utilizar la nueva expresión «frente doméstico» debido a que el papel de los trabajadores de las fábricas de municiones, y en general de la industria, era para la victoria tan importante como los soldados de las trincheras. Pero todos los «frentes» podían sufrir ataques; y como era de esperar, eso es lo que sucedió.

La guerra económica se libró sobre todo en el mar: ambos bandos se impusieron enseguida bloqueos respectivos al comercio marítimo. Los británicos interceptaban todos los barcos con destino a puertos alemanes, de modo que en los dos últimos años de la guerra la desnutrición provocó un exceso de 800.000 muertes civiles en Alemania por encima de la mortalidad en tiempo de paz.[6] Los alemanes, con una armada más pequeña, recurrieron a la acción submarina para aislar a Reino Unido de sus proveedores de alimentos y materias primas de ultramar. Durante la contienda, los sumergibles alemanes hundieron 15 millones de toneladas de envíos, si bien jamás fueron capaces de contener el flujo de suministros; por otro lado, la guerra submarina «sin limitaciones», anunciada en enero de 1917, metió a los Estados Unidos de lleno en el conflicto. Esto compensó de sobra la mengua de tropas aliadas cuando a finales de año la Revolución Bolchevique sacó a Rusia de la contienda; además, cuando en septiembre de 1917 la Royal Navy reactivó el tradicional sistema de convoyes, las pérdidas de barcos con destino a Reino Unido cayeron en picado.

Sin embargo, ahora había otra forma de atacar la economía del enemigo: ir directamente por las fábricas de guerra y sus trabajadores. Solo doce años después de que los hermanos Wright efectuaran el primer vuelo a motor, Alemania ya contaba con aeronaves capaces de recorrer centenares de kilómetros y lanzar bombas sobre ciudades enemigas: los dirigibles o zepelines. E ineludiblemente los utilizó.

La idea era equipar entre doce y veinte dirigibles y preparar a sus tripulaciones para que actuaran como una fuerza operativa coordinada. Cada aparato llevaría unas 300 bombas incendiarias. Deberían atacar por la noche de manera simultánea. Así pues, lloverían al mismo tiempo sobre Londres hasta seis mil bombas. Cuando me preguntaron mi opinión técnica, dejando a un lado la moralidad, admití que desde luego era viable.

Capitán Ernst Lehmann, Servicio de Zepelines del Ejército Alemán[7]

[interior cartel]:
ES MUCHO MEJOR ENFRENTARSE A LAS BALAS QUE MORIR EN CASA POR UN BOMBARDEO
ALÍSTATE EN EL EJÉRCITO ENSEGUIDA Y AYUDA A DETENER LAS INCURSIONES AÉREAS
DIOS SALVE AL REY

Izquierda: Los dirigibles son insólitas referencias para impulsar el reclutamiento entre los británicos, 1915

Abajo: Restos de un zepelín L-33 en Essex, uno de los que fueron derribados la noche del 23/24 de septiembre de 1916

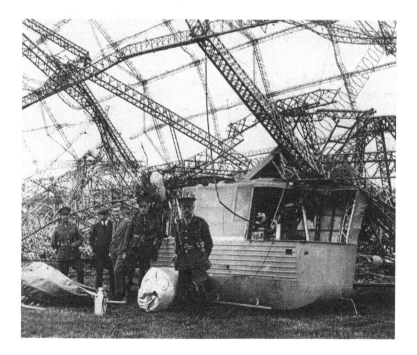

El primer gran ataque sobre Londres tuvo lugar en septiembre de 1915, cuando un zepelín L-15 dejó caer de noche 15 bombas muy explosivas y unas 50 incendiarias, lo que provocó 17 víctimas. En posteriores incursiones participaron más dirigibles y bombarderos bimotores y trimotores, pero en toda la guerra solo cuatro mil civiles británicos resultaron muertos o heridos. En cualquier caso, esos ataques fueron los precedentes de los bombardeos sufridos por Róterdam, Dresde, Hiroshima y todas las ciudades destruidas desde el aire en el siglo XX, así como de la estrategia de disuasión nuclear. A partir de 1915, todo pasó a ser un objetivo legítimo.

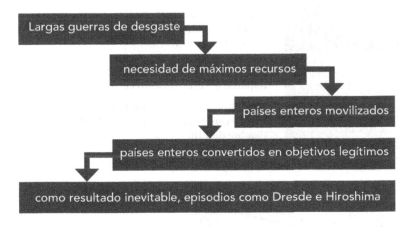

Naves terrestres

El pánico se extendía como la corriente eléctrica, pasaba de un hombre a otro en la trinchera. Mientras por arriba se oía acercarse a los tanques, los más valientes treparon para lanzar contraataques suicidas, lanzándoles granadas, disparando o acuchillando cualquier mirilla a su alcance. Fueron abatidos o aplastados, mientras otros levantaban las manos aterrados con ánimo de rendirse o salían corriendo hacia las trincheras de comunicación, en la segunda línea.

Primer enfrentamiento de un soldado alemán de infantería con un tanque, 1916[8]

La solución al problema planteado por las trincheras se le ocurrió a un oficial británico del Estado Mayor, el coronel E. D. Swinton, solo un mes o dos después de que aparecieran las trincheras, a finales de 1914. Lo que hacía falta, como es lógico, era un vehículo blindado contra balas de ametralladora que, sobre orugas, llevara sus propias armas y pudiera pasar por encima de cráteres, alambre de espino y trincheras. Los primeros modelos de las «naves terrestres», como se las llamaba al principio, llegaron al Frente Occidental a finales de 1916, pero no entraron en combate a gran escala hasta la Batalla de Cambrai de noviembre de 1917, en la que participaron 476.

Primera fotografía oficial de un tanque en acción, en la
Batalla de Flers-Courcelette, el 15 de septiembre de 1916;
el tanque es un Mark I

En Cambrai, también por primera vez, hubo un plan completo para que la artillería atacara las defensas alemanas simultáneamente desde el mismo frente hasta las posiciones de reserva más alejadas; por otro lado, las 150 baterías para reforzar el sector llegaron en secreto. A fin de que la sorpresa fuera total, estas armas adicionales no abrieron fuego de la manera habitual para «registrar» sus objetivos (es decir, disparar unos cuantos proyectiles a ver si aterrizaban en los sitios previstos), sino que dependían exclusivamente del reconocimiento aéreo, de la cartografía precisa y de los cálculos balísticos. La mañana del ataque un millar de cañones abrieron fuego al mismo tiempo. Fue el primer uso de «fuego previsto» a gran escala. Por otro lado, gracias a la ayuda de los tanques, 289 aviones con la función de observadores de artillería, aviones de ataque aire-tierra y bombarderos, el ataque rompió del todo las líneas alemanas. Solo cerró la brecha un contra-ataque alemán feroz y muy rápido.

Los tanques y el fuego previsto en Cambrai permitieron al ejército británico avanzar diez kilómetros en seis horas con un coste de cuatro mil bajas entre muertos y heridos. A principios de ese mismo año, en la tercera Batalla de Ypres, los británicos habían tardado tres meses en recorrer una distancia similar, y perdido en la acción a un cuarto de millón de hombres. Después de esto, se acabó el punto muerto en las trincheras, pues los alemanes habían llegado a resolver del mismo modo el problema de abrirse camino, aunque apoyándose menos en los tanques. De entrada, en una ofensiva en Riga en septiembre de 1917, en el frente ruso, un oficial alemán de artillería, el coronel Georg Bruchmüller, ideó una fórmula parecida de penetración rápida y por sorpresa: gran cantidad de fuego de artillería sin aviso previo, y «tropas de asalto» de infantería que sorteaban los puntos fuertes del enemigo y se iban adentrando cada vez más en la zona defendida, lo que generaba una gran confusión, y en última instancia empujaba al enemigo a batirse en retirada.

Los tanques alemanes jamás igualaron a los británicos en número ni calidad, pero fueron aquellos los que lanzaron la ofensiva en la primavera de 1918 (después de tres años de estar a la defensiva), en un órdago para ganar la guerra antes de que llegaran a Francia un gran número de soldados norteamericanos. En Arras, en marzo de 1918, 6.608 cañones alemanes dispararon 3,2 millones de proyectiles el primer día de la ofensiva –y en dos semanas permitieron ganar más terreno del que los aliados habían conseguido en todas sus ofensivas durante toda la contienda. Luego hubo más ofensivas rápidas, y en la primavera de 1918 los aliados casi perdieron la guerra, pero los alemanes no lograron llegar a París ni a la costa del Canal –y entre marzo y julio de 1918 sufrieron un millón de bajas–.[9]

Llegados a este punto, los aliados pasaron a la ofensiva, sobre todo mediante tropas británicas, canadienses y australianas, que encabezaron los ataques y mostraron la misma capacidad para ganar terreno. Si la guerra proseguía, en 1919 se iba a necesitar una fuerza de varios miles de tanques respaldada por la aviación para atravesar y aplastar el frente del enemigo y con la infantería justo detrás en trans-

Niños soldado alemanes en la
Primera Guerra Mundial

portes de personal blindados; pero no hizo falta. En noviembre de 1918, el ejército alemán estaba desmoronándose, la armada se había amotinado y Berlín pedía un armisticio.

¿Rotunda victoria, mala paz?

El tratado de paz que siguió, ¿por qué fue tan riguroso, con cláusulas de «culpabilidad de la guerra», enormes reparaciones e imperios enteros desmantelados? ¿Cómo es que la paz duró solo veinte años?

Las rivalidades nacionales, los miedos militares y las disputas territoriales que habían originado la Primera Guerra Mundial no eran más importantes que las que habían provocado la Guerra de los Siete Años un siglo y medio antes. De todos modos, según el estilo de guerra de la época anterior, unos ejércitos profesionales pequeños combatían entre bastidores mientras en general la población civil pasaba de la contienda. Al final, los perdedores acabaron cediendo a los ganadores unos trozos de territorio y se restableció la paz. Murieron 100.000 soldados, pero para la gente que contaba esto no parecía tener mucha importancia, y no cayó ningún régimen.

Por otro lado, el conflicto de 1914-1918 fue la primera guerra total, y los gobiernos europeos descubrieron con gran pesar que era casi imposible detenerse antes de llegar a la victoria total de un bando y a la rendición total del adversario. Cuando han sido alistados en los ejércitos sesenta millones de hombres de los cuales casi la mitad han caído muertos (ocho millones) o heridos (veinte millones), y cuando la disposición de la gente a soportar estas enormes pérdidas se ha mantenido en todos los países gracias a una propaganda de odio que describe la guerra como una cruzada moral contra el mal absoluto, los gobiernos no son capaces de resolver sin más la insignificante disputa balcánica que lo inició todo, intercambiar algunas colonias y mandar a los soldados supervivientes de vuelta a casa.

Si la guerra era total, la victoria también debía ser total: de ello dependía la supervivencia no solo del gobierno de turno sino de todo el régimen. Incluso cuando vieron inminente el colapso militar o la revolución social, los gobiernos se negaron a contemplar la posibilidad de un acuerdo pacífico. Como cabía esperar, hubo colapso y revoluciones.

Colapso y revolución

A principios de 1917, el primero en hundirse fue el ejército ruso, y la hambruna sufrida por el país provocó en marzo de 1917 la (primera) Revolución Rusa. En abril, la mitad de las divisiones del ejército francés se sublevaron tras otra ofensiva desesperada, y una vez restablecido el orden casi 25.000 hombres fueron juzgados en consejos de guerra. En mayo, 400.000 soldados italianos abandonaron sin más el campo de batalla de Caporetto. Incluso en Reino Unido la estabilidad política dejó de ser una certeza: a finales de ese mismo mes, el jefe del Estado Mayor Imperial, con sede en Londres, escribió al general sir Douglas Haig, comandante del ejército británico en Francia: «Me temo que no podemos obviar el hecho de que ahora en el país existe bastante inquietud debido, en parte, a la Revolución Rusa».[10]

La guerra acabó con todos los imperios del bando perdedor –el alemán, el ruso, el austríaco y el otomano–, de los cuales los tres últimos se desmenuzaron en más de una docena de países y territorios. Aproximadamente la mitad de los habitantes de Europa, Oriente Medio y África terminaron viviendo bajo un régimen totalmente distinto o incluso como ciudadanos de un país diferente. En la nueva Unión Soviética, los controles totalitarios impuestos durante la guerra se mantuvieron en tiempo de paz, y más adelante serían reinstaurados por los sistemas fascistas de Italia y Alemania. Por otro lado, los perdedores estaban tan insatisfechos con el acuerdo de paz que en solo dos décadas se reanudaron los enfrentamientos.

Blitzkrieg

Enfrentados a un problema militar sin precedentes, los soldados de la Primera Guerra Mundial habían resuelto las tablas de las trincheras, y ahora los profesionales de cada país discutían sobre la mejor manera de utilizar los tanques para devolver la movilidad a la guerra. En los primeros años de la Segunda Guerra Mundial (1939-1941), dio la impresión de que al menos los alemanes habían dado con la respuesta adecuada.

El Blitzkrieg (guerra relámpago) consistía en una fuerza muy móvil de tanques, infantería y artillería, todo sobre orugas o ruedas, para atravesar las defensas del enemigo en un frente estrecho. Gracias a aviones de ataque terrestre (Stuka) que daban apoyo cercano, la esencia de la operación era la velocidad. Se trataba de no verse frenado por los puntos fuertes del enemigo, sino simplemente de rodearlos y seguir adelante. En pocas horas había que atravesar las defensas enemigas, hasta que la columna de blindados arremetía a gran velocidad, sembrando el caos en la retaguardia del enemigo, rebasando sus puestos de mando por detrás de la primera línea y rompiendo sus comunicaciones. En teoría, y normalmente en la práctica, durante los primeros días del Blitzkrieg, el frente enemigo se desmoronaba cuando las tropas atacadas comprendían que habían quedado aisladas de su cuartel general y sus fuentes de aprovisionamiento.

En 1939, el Blitzkrieg alemán destruyó todo el ejército polaco en tres semanas con un coste de solo 8.000 soldados muertos. En Francia, la primavera siguiente, tuvo incluso más éxito: los franceses y los británicos tenían más y mejores tanques, pero gracias a su táctica superior los alemanes fueron capaces de conquistar los Países Bajos y Francia en solo seis semanas. Parecía que las largas guerras de desgaste eran cosa del pasado, pero no era tan sencillo. Los tanques mantenían el frente continuo en movimiento, pero sus principales víctimas eran los civiles, no los soldados de las trincheras.

El regreso del desgaste

En mitad de la guerra, cuando las fuerzas alemanas estaban combatiendo en lo más profundo de la Unión Soviética, volvió el desgaste.

Los rusos habían aprendido a enfrentarse al Blitzkrieg colocando las líneas defensivas muchos kilómetros hacia dentro, con sucesivas franjas de trincheras, campos minados, búnkeres, puestos armados y zanjas antitanque que ralentizaban las puntas de lanza blindadas y a la larga las erosionaban. Los tanques habían equilibrado de nuevo la balanza en el sentido de que se recuperaba el poder de la ofensiva y se favorecían los avances, pero no se eliminaba el frente continuo. A veces un avance salía bien, pero aun en este caso todo el frente enemigo se retrasaba unas decenas o centenares de kilómetros y se volvía a estabilizar.

Entre mayo de 1940 y junio de 1944, los ejércitos de los aliados occidentales salieron bien librados porque tenían pocos soldados, si es que alguno, combatiendo sobre el terreno en la Europa continental (gran parte de la cual estaba ocupada por los alemanes), pero en el Frente Oriental las pérdidas fueron enormes. Por ejemplo, durante la guerra los rusos fabricaron unos 100.000 tanques, 100.000 aviones y 175.000 piezas de artillería, de todo lo cual al menos dos terceras partes resultaron destruidas en los combates; no obstante, las sociedades industriales plenamente movilizadas eran capaces de asimilar un castigo duro y aun así seguir adelante. Aunque los alemanes acabaron incorporando a sus fuerzas armadas dos tercios de los hombres de edades comprendidas entre los dieciocho y los cuarenta y cinco años, de los cuales murieron tres millones y medio,[11] su ejército aún seguía luchando en abril de 1945, cuando los dos frentes que peleaban contra el avance soviético en el este y el angloamericano en el oeste estaban prácticamente espalda contra espalda en medio de una devastada Alemania.

Población civil y el frente continuo

Titular de *Springfield Union* sobre la Operación Barbarroja:
«La ofensiva alemana contra Rusia que tanto se ha hecho esperar se inicia en un frente de 265 kilómetros»

En todo caso, por elevadas que fueran las bajas militares, las civiles aún eran peores. A medida que se extendían por todo el territorio, los frentes continuos lo destruían casi todo a su paso.

Tripas esparcidas por los escombros y de un moribundo a otro; máquinas muy despanzurradas como el vientre de una vaca recién abierto en canal, llameando y gimiendo; árboles destrozados en fragmentos diminutos; ventanas abiertas vertiendo torrentes de polvo ondulante que dispersaba en el olvido los restos de un cómodo salón [...] gritos de oficiales y suboficiales intentando hacerse oír en medio del cataclismo para reagrupar sus secciones y compañías. Así es como participamos en el avance alemán, siendo convocados en medio del ruido y el polvo, siguiendo las nubes levantadas por nuestros tanques hacia las afueras del norte de Bélgorod [...]

La segunda noche, las ruinas quemadas de Bélgorod cayeron en manos de nuestros soldados supervivientes [...] Se nos había ordenado reducir las bolsas de resistencia entre las cenizas de un suburbio llamado, si mal no recuerdo, Deptreoka. Cuando llegamos al final de nuestra búsqueda, nos desmoronamos en el fondo de un gran cráter y nos miramos unos a otros un buen rato en un silencio aturdido. Nos quedamos sin habla [...] El aire aún rugía y temblaba y olía a quemado [...] Hacia la cuarta o quinta noche, habíamos cruzado Bélgorod sin siquiera darnos cuenta.

Guy Sajer, recluta alsaciano en el ejército alemán[12]

Las tropas alemanas habían sido las primeras en llegar a Bélgorod, ciudad de 34.000 habitantes del sur de Rusia, en octubre de 1941, al cabo de tres meses de iniciada la invasión, pero esta vez la ciudad tuvo suerte. Tras dos días de combates, sobrevivieron la mayoría de ciudadanos y los edificios. Las tropas soviéticas la liberaron en marzo de 1943, cuando el frente se desplazó de nuevo al oeste después de que el Sexto Ejército alemán fuera derrotado en Stalingrado. También ahora Bélgorod salió del paso prácticamente indemne: los alemanes se retiraron tan deprisa que no tuvieron tiempo de destruirla.

La anterior descripción de Sajer tiene que ver con la tercera invasión, en julio de 1943, cuando Bélgorod fue reconquistada por la División *Gross Deutschland* en la Batalla de Kursk, la última gran ofensiva alemana de la guerra. Seis mil tanques, treinta mil cañones y dos millones de hombres lucharon a lo largo de un frente de cientos de kilómetros. Al final, las puntas de lanza blindadas alemanas fueron detenidas por las firmes defensas rusas, y a mediados de agosto el contraataque soviético volvió a liberar Bélgorod. Esta vez los alemanes intentaron resistir, y dentro del perímetro urbano, en los enfrentamientos callejeros, murieron 3.000 soldados. Cuando la batalla hubo terminado, entre las ruinas de Bélgorod, de los 34.000 habitantes solo quedaban vivos 140; el resto eran refugiados o reclutas o estaban muertos.

Bélgorod no tenía importancia militar, pero el frente se desplazaba a través de la ciudad, que prácticamente acabó arrasada. Les pasó lo mismo a miles de ciudades y pueblos europeos: la Segunda Guerra Mundial mató al menos al doble de soldados que la Gran Guerra, pero también casi al doble de civiles que de soldados. Seis millones de esos civiles fueron judíos, asesinados deliberadamente por los nazis por motivos raciales en lo que se conoce como 'Holocausto'. Estas muertes, y las de otros cuatro millones de polacos, rusos, romaníes, homosexuales y personas discapacitadas, considerados indeseables por los nazis, no fueron técnicamente parte de la guerra; sin embargo, fue la guerra lo que permitió encubrir toda esta operación operación de exterminio, de igual modo que la Primera Guerra Mundial sirvió para encubrir el genocidio armenio.

Por término medio, durante la Segunda Guerra Mundial, los países situados al este de Alemania, donde los enfrentamientos fueron más intensos y prolongados, perdieron en torno al 10 % de sus habitantes. Desde 1945, han escaseado las guerras con grandes ejércitos regulares en frentes continuos, pero en las pocas ocasiones en que han combatido en frentes de este tipo y en países muy poblados (por ejemplo, la Guerra de Corea), las víctimas entre la población civil han sido igual de elevadas.

Bombardeo estratégico

En la última guerra, la desintegración de los países se debió a las acciones de los ejércitos sobre el terreno. [En el futuro] la llevarán a cabo directamente [...] las fuerzas aéreas [...] La guerra se llevará a cabo básicamente contra poblaciones desarmadas de las ciudades y los grandes centros industriales [...] En un país sometido a un martilleo despiadado de este tipo no puede menos que producirse una ruptura absoluta del orden social [...] Será un resultado inhumano, atroz, pero estos son los hechos.

General Giulio Douhet, 1921[13]

Al menos el 97 % de los setenta millones de personas muertas en la Segunda Guerra Mundial *no* fallecieron a causa de ataques aéreos sobre las ciudades, y los bombardeos no ganaron la guerra contra Alemania. Pero esto fue así solo porque la tecnología no estaba todavía a la altura; la voluntad de que así fuera desde luego ya estaba ahí.

El «bombardeo estratégico» –para destruir la patria del enemigo– es el arma natural de la guerra total. Su defensor más destacado fue un general italiano llamado Giulio Douhet, que ya en 1915 había propuesto la creación de una fuerza independiente italiana de bombardeo con quinientos aparatos multimotor. Sin embargo, alcanzó su mayor influencia en Reino Unido y los Estados Unidos, países avanzados desde el punto de vista tecnológico que en la guerra preferían gastar dinero a gastar vidas. El principal bombardero norteamericano de la Segunda Guerra Mundial, el B-17, realizó los primeros ensayos de vuelo en 1935, año en el que también se diseñaron los bombarderos cuatrimotores de la Royal Air Force.

El bombardeo aéreo alemán, o *blitz*, sobre las ciudades británicas entre septiembre de 1940 y mayo de 1941 mató a 40.000 civiles, pero esto equivalía solo a una persona de cada mil. (Como se esperaban un número de bajas catorce veces superior, los británicos habían planeado la construcción de fosas comunes.) Los bombarderos alemanes bimotores de corto alcance no eran adecuados para ese cometido, pues habían estado concebidos para ser utilizados en el campo de batalla.

Los bombarderos británicos eran mayores y de más largo alcance, pero como las sólidas defensas antiaéreas alemanas los obligaban a bombardear de noche, pocas veces daban en el blanco designado (fábricas, estaciones de ferrocarril, etc.). A principios de 1942, el mariscal del Aire sir Arthur Harris asumió la jefatura del Comando de Bombardeo y dejó de fingir que los bombardeos tuvieran un objetivo que no fuera la población civil alemana. La nueva estrategia estaba en plena consonancia con las ideas expresadas inicialmente por Douhet.

Edificios residenciales y comerciales devastados en Hamburgo tras la Operación Gomorra de los británicos, 1943

En los tres años siguientes, la estrategia de los «bombardeos masivos» iniciada por Harris con el ataque de mil bombarderos sobre Colonia en abril de 1942 mató a 593.000 civiles alemanes y destruyó 3,3 millones de viviendas, pero la verdad es que no salía rentable. En los últimos años de la guerra, hasta un tercio de la mano de obra y los recursos industriales británicos estuvo dedicado a prestar apoyo al Comando de Bombardeo, y por otra parte murieron 55.000

británicos y canadienses integrantes de tripulaciones. En el peor período (marzo de 1943-febrero de 1944), solo el 16 % de las dotaciones de vuelo sobrevivieron a una serie de treinta misiones.[14] Además, solo en contadísimas ocasiones tuvieron esos esfuerzos todo el efecto pretendido por Harris.

En Hamburgo, ciudad del norte de Alemania, durante la clara y seca noche estival del 28 de julio de 1943, la inusualmente elevada concentración de bombas británicas en un barrio popular muy poblado creó algo nuevo: una tormenta de fuego, que abarcó más de 10 km^2, donde la temperatura del aire fue de 800 °C en el centro y los vientos de convección hacia dentro soplaron con fuerza huracanada. Un superviviente comparó el ruido de la tormenta de fuego con «un viejo órgano de una iglesia, en el que alguien está tocando todas las notas a la vez». De los que se quedaron en los refugios subterráneos no sobrevivió nadie: todos murieron incinerados o intoxicados por monóxido de carbono. Por su parte, los que subieron a la calle probablemente fueran barridos por el viento hacia el centro de la tormenta.

> Mi madre me envolvió en sábanas húmedas, me besó y dijo «¡corre!». En la puerta dudé: delante solo veía fuego [...] todo rojo, como la portezuela de un horno. Me golpeó un calor intenso. Cayó a mis pies una viga en llamas. Retrocedí asustado, pero de pronto, cuando estaba preparado para saltar, una mano fantasmal tiró de mí y me hizo girar. Las sábanas que me envolvían funcionaban como velas, y tuve la sensación de que la tormenta me arrastraba. Llegué a la fachada de un edificio de cinco plantas [...] que [...] había sido bombardeado y quemado en un ataque anterior, por lo que ya no quedaba gran cosa donde el fuego pudiera prender. Apareció alguien que me agarró de los brazos y me atrajo hacia el portal.
>
> Traute Koch, 15 años en 1943[15]

En Hamburgo murieron 20.000 personas en dos horas. Si la RAF hubiera hecho lo mismo cada vez, la guerra habría terminado en seis meses, pero solo hubo otra ocasión en que se dieron las condiciones adecuadas para una tormenta de fuego similar: Dresde, en 1945. Las consecuencias fueron mucho menos impresionantes. En promedio, un bombardero británico con una tripulación de siete hombres mataba a tres alemanes, uno de los cuales quizá era un obrero, y tras unas catorce misiones los propios miembros de la dotación del bombardero estaban muertos o, en el mejor de los casos, habían caído prisioneros. Por otra parte, como en una ciudad dada normalmente había, entre incursiones, tiempo suficiente para reparar parte de los daños, la producción bélica alemana siguió aumentando hasta finales de 1944. La teoría de los bombardeos estratégicos era razonable, pero en la práctica suponía el muy caro equivalente aéreo de la guerra de trincheras.

De hecho, la producción bélica alemana fue golpeada al menos con la misma dureza por los bombarderos norteamericanos que volaban de día y apuntaban a objetivos industriales concretos, si bien la Octava Fuerza Aérea de los EE. UU. también sufrió importantes bajas. Sin embargo, en la guerra contra Japón, donde la fuerza aérea de los EE. UU. utilizó los bombarderos B-29, unas tácticas más «británicas», y las defensas antiaéreas eran mediocres, no hubo muchas bajas norteamericanas y las tormentas de fuego fueron más frecuentes. Poco después de Dresde, el 9 de marzo de 1945 el general Curtis E. LeMay ordenó el primer ataque nocturno masivo a baja altura sobre Tokio con bombas incendiarias. «El área atacada era [...] de cinco [...] por seis kilómetros y medio [...] con 40.000 habitantes por kilómetro cuadrado [...] fueron destruidos 267.171 edificios –aproximadamente la cuarta parte del total de Tokio– y 1.008.000 personas se quedaron sin casa. De hecho, en algunos de los pequeños canales, el agua estaba hirviendo.»[16]

En 1945, los bombardeos estratégicos en Japón provocaron realmente los resultados previstos desde hacía tiempo: «La Vigésima fuerza Aérea [de EE. UU.] estaba destruyendo ciudades a [un] coste para Japón [que] era cincuenta veces el coste para nosotros», informó el general «Hap» Arnold, jefe de la Fuerza Aérea del Ejército de los EE. UU.[17] Sin embargo, no bastaba para forzar la rendición. Todavía iba a hacer falta una invasión a gran escala del archipiélago japonés, que costaría millones de vidas más, si un arma norteamericana casi mágica no hubiera roto el hechizo impuesto al gobierno nipón por la guerra total.

«Muerte, el destructor de mundos»

Vi acercarse una ciudad perfectamente perfilada, con todos los detalles claros. Tenía unos seis o siete kilómetros de diámetro: en ese momento estábamos a nuestra altura de bombardeo de casi diez mil metros. Se acercó el copiloto, que echando un vistazo por encima de mi hombro dijo: «Sí, es Hiroshima, de eso no hay duda». Estábamos tan bien colocados sobre el objetivo que el bombardero dijo: «No puedo hacer nada, no hay nada que hacer». Dijo: «Está ahí simplemente sentada».

Coronel Paul Tibbets, piloto del Enola Gay

El Proyecto Manhattan para fabricar la bomba atómica norteamericana se inició en junio de 1942, después de que algunos científicos refugiados avisaran de que Alemania estaba intentando tener una. En realidad no era así, pero los británicos sí se lo estaban planteando (ellos y los canadienses, participantes ambos en el Proyecto Manhattan a partir de 1942), y en 1944 tanto los rusos como los japoneses habían puesto en marcha programas rudimentarios de armas nucleares.[18] De todos modos, aunque Alemania jamás tomó ese camino, sí estaba desarrollando los precursores de los misiles de crucero (10.500 «bombas volantes» V-1 arrojadas sobre Reino Unido en 1944) y los misiles balísticos de largo alcance (1.115 misiles V-2 en Londres), que son los principales sistemas actuales para lanzar armas nucleares. Aterrados ante la posibilidad de que el enemigo lo consiguiera primero, muchísimos científicos importantes de todas partes reprimieron sus dudas y accedieron a trabajar en esos proyectos.

Aun así, cuando en julio de 1945 varios científicos del Proyecto Manhattan se trasladaron al desierto de Nuevo México para probar la primera bomba atómica, algunos estuvieron a punto de cambiar de opinión. Alemania había sido derrotada y nadie creía que Japón estuviera cerca de fabricar su propia bomba. Pero ya era demasiado tarde para volverse atrás. A las 5.50 h de la mañana del 16 de julio, la prueba salió a la perfección, y todos pudieron ver lo que habían hecho. Pese a haber repetido los cálculos una y otra vez, estaban estupefactos.

Sabíamos que el mundo ya no sería el mismo. Unas cuantas personas rieron. Unas cuantas personas lloraron. La mayoría guardaron silencio. Recuerdo un verso de un texto sagrado hindú, la Bhagavad Gita. Visnú está intentando convencer al príncipe de que debe cumplir su obligación y para impresionarle adopta su forma de múltiples brazos y dice: «Ahora me he convertido en la Muerte, el destructor de mundos». Supongo que, de un modo u otro, todos nos sentíamos así.

Robert Oppenheimer, jefe del equipo científico de Los Álamos

En aquel entonces, los militares consideraban que la bomba atómica era solo una manera más económica de llevar a cabo una tarea que ya era un elemento fundamental de su estrategia: destruir ciudades. Con un coste total de dos mil millones de dólares, era muchísimo más barato que el Comando de Bombardeo o la Octava Fuerza Aérea, y encima más fiable. El 6 de agosto de 1945, la tripulación del coronel Tibbets lanzó la bomba sobre Hiroshima: un solo avión que llevaba una única bomba mató a 70.000 personas en menos de cinco minutos. Después, dijo, «ya no vi abajo ninguna ciudad, sino que vi un área enorme cubierta por una masa negra hirviente –la única manera de describirla que se me ocurre».

Fue como si el sol se hubiera estrellado y hubiera explotado. Llovían bolas de fuego amarillas. [Después, en la orilla del río], eran tantas las personas heridas que casi no había sitio para andar. Esto era solo a un kilómetro y medio de donde cayó la bomba. A la gente le había volado la ropa, y los cuerpos habían acabado quemados por la radiación térmica. Parecía que les colgaban tiras de trapos. Tenían ampollas que ya habían reventado, y la piel hecha jirones. Vi a personas de cuyo cuerpo se les salían las tripas. Algunas habían perdido los ojos. Otras tenían la espalda abierta de tal modo que se les veía la columna vertebral. Todas pedían agua.

Señor Ochi

> Si me encontrara en una situación semejante en la que este país estuviera en guerra, con su futuro en peligro, siendo las circunstancias las mismas que entonces, creo que no dudaría ni un minuto en volverlo a hacer.
>
> Coronel Paul Tibbets

Nube de tormenta de fuego sobre Hiroshima, cerca del mediodía, hora local, 6 de agosto de 1945

Un problema enorme

A pesar del coronel Tibbets, la guerra entre las grandes potencias está tocando a su fin. Muchos países pequeños y grupos armados por libre aún son capaces de alcanzar sus objetivos políticos mediante la violencia organizada, pero las superpotencias tienen que romper este hábito, si no acabarán literalmente destruidas.

153

Quizás haya dos pequeños consuelos. Primero, nunca habían conseguido abstenerse de luchar entre sí durante tanto tiempo. Segundo, debido a las dos guerras mundiales, una gran mayoría de las personas de todas partes ya no consideran que la guerra sea algo glorioso sino más bien un problema enorme.

8
Breve historia de la guerra nuclear
(1945-1990)

Desfase cultural

No estoy diciendo que no se nos vaya a despeinar la cabeza, señor presidente, pero sí digo que no morirán más de diez o veinte
millones, dependiendo de las pausas.

General «Buck» Turgidson (George C. Scott),
en la película de Stanley Kubrick de 1963
¿Teléfono rojo? Volamos hacia Moscú

Kubrick representó al general Turgidson como una caricatura del general Curtis E. LeMay, veterano comandante del Comando Aéreo Estratégico de la Fuerza Aérea de los EE. UU. (SAC, por sus siglas en inglés), que quería de veras una guerra nuclear. «LeMay creía que, en última instancia, íbamos a tener que enfrentarnos a esa gente con armas nucleares, y, por Dios, mejor hacerlo mientras tengamos una mayor superioridad de la que tendremos en el futuro», explicaba el antiguo secretario de Defensa de los EE. UU. Robert S. McNamara en el documental de 2003 *Fog of War* [Niebla de guerra]. Para LeMay, las armas nucleares no cambiaban nada esencial: a su entender, una «ventaja» de diecisiete a uno de los EE. UU. sobre la Unión Soviética en el número de armas nucleares (a principios de la década de 1960) era un recurso estratégico útil.

La parte más peligrosa de la Guerra Fría fueron los primeros años, cuando hombres como LeMay aún ocupaban puestos de poder. Poco a poco fueron reemplazados por personas que captaban el concepto básico de la disuasión, y el mundo llegó a ser un lugar algo más seguro –si bien sigue corriendo grave peligro–.

Durante setenta y cinco años, las armas nucleares han estado muy presentes en el pensamiento estratégico de las grandes potencias, aunque no sabemos casi nada de cómo funcionarían realmente en una guerra si se emplearan en gran número. En 1945 se lanzaron dos bombas nucleares bastante pequeñas sobre ciudades japonesas, y desde entonces no se ha usado ninguna más en un conflicto bélico. Esto indica que los estrategas que analizan la guerra nuclear son como vírgenes hablando de sexo: aunque tienen sus teorías, incluso sus doctrinas, acerca de la guerra nuclear, no saben qué pasaría salvo que sería algo muy malo. Igualmente se muestran vacilantes con respecto a los efectos psicológicos, electromagnéticos y climáticos. En cualquier caso, todos los datos útiles que tenemos provienen de los cuarenta y cinco años de confrontación entre los Estados Unidos y la Unión Soviética (1945-1990), conocidos como la Guerra Fría.

El escritor [...] de momento no tiene interés en quién ganará la próxima guerra ni en las bombas atómicas que se utilizarán. Hasta ahora, el principal objetivo de nuestro estamento militar

> ha sido ganar guerras. En lo sucesivo, el objetivo ha de ser evitarlas. No puede haber otra finalidad más provechosa.
>
> Bernard Brodie, 1946[1]

Cuando cayó la primera bomba atómica, sobre Hiroshima, Bernard Brodie acababa de ingresar en el Instituto de Estudios Internacionales de la Universidad de Yale. Buena parte de la comunidad académica norteamericana fantaseaba con la posibilidad de crear un «gobierno mundial» para evitar una guerra nuclear, pero Brodie y un pequeño grupo de colegas que sabían que eso no iba a pasar se pusieron a establecer las reglas de supervivencia en un mundo de Estados-nación obstinadamente independientes dotados de armas nucleares. En dos conferencias celebradas en septiembre y noviembre de 1945, además de incontables conversaciones privadas, elaboraron la teoría de la disuasión nuclear, completa, definitiva e incuestionable.

«Todo lo relativo a la bomba atómica queda eclipsado por el hecho de que existe y de que su poder destructivo es fabuloso», escribió Brodie. No podría haber defensa efectiva contra las armas atómicas, pues en la guerra aérea toda defensa funciona por desgaste, y aunque fueran solo unas cuantas las armas nucleares que lograsen pasar, la destrucción sería inconmensurable. En su mejor día, las defensas británicas contra los misiles crucero V-1 lanzados sobre Londres en 1944 derribaron 97 de 101. Pero, señalaba Brodie, si las cuatro excepciones hubieran sido bombas atómicas, «los supervivientes de Londres no habrían dado el registro por bueno».

Por otra parte, en cualquier país existía un número limitado de objetivos, sobre todo ciudades, en los que valía la pena usar un arma nuclear, de modo que la destrucción de esos lugares equivalía realmente a la destrucción de la sociedad. Por tanto, más allá de cierto punto carecían de importancia las cifras relativas de armas nucleares de cada participante: «Si 2.000 bombas en manos de cada bando bastan para destruir totalmente la economía del otro, el hecho de que uno tenga 6.000 y el otro 2.000 tendrá relativamente poca importancia».[2]

En consecuencia, la única política militar sensata era la disuasión. Utilizar efectivamente armas nucleares para atacar a un enemigo provisto de armas nucleares era absurdo, pues cada bando «debía temer represalias, [y] el hecho de destruir las ciudades del adversario unas horas o incluso unos días antes de que sean destruidas las propias quizá no sirva de mucho [...]».». En tiempo de paz, la principal finalidad de los preparativos militares debe ser garantizar que los sistemas de armas nucleares del país sobrevivirán a un ataque nuclear, dispersándolos, escondiéndolos y/o enterrándolos. La única seguridad contra un ataque nuclear es la capacidad garantizada de poder contraatacar con armas nucleares.[3]

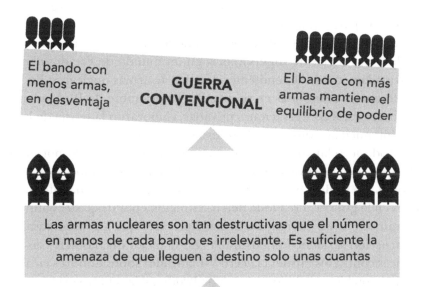

El bando con menos armas, en desventaja

GUERRA CONVENCIONAL

El bando con más armas mantiene el equilibrio de poder

Las armas nucleares son tan destructivas que el número en manos de cada bando es irrelevante. Es suficiente la amenaza de que lleguen a destino solo unas cuantas

No quedaba nada importante que añadir. En febrero de 1946, Bernard Brodie y sus colegas definieron los términos en los que podría mantenerse la paz en un mundo con armas nucleares hasta que algún día se pudiera cambiar el sistema internacional que engendra las guerras. Sin embargo, nadie en el poder hizo mucho caso a ese grupito de jóvenes civiles que se atrevían a hacer propuestas políticas sobre asuntos militares.

A decir verdad, en 1946 el gobierno estadounidense no tenía por qué tener en cuenta los consejos de Brodie. Estábamos en un mundo todavía armado de manera convencional con una sola potencia nuclear, los Estados Unidos, por lo que la disuasión era una vía de sentido único. De hecho, para el gobierno de los EE. UU. y sus aliados europeos, el monopolio nuclear norteamericano era una solución barata para los problemas de seguridad militar de Occidente. Como los Estados Unidos y la Unión Soviética pasaron de ser aliados en la guerra a estar enfrentados en la posguerra, los rusos reforzaron sus fuerzas convencionales en Europa mientras los EE. UU. fabricaban cada vez más bombas atómicas. Cuando los rusos hicieron estallar su propia bomba atómica en 1949, los EE. UU. doblaron la apuesta y desarrollaron bombas de hidrógeno mucho más potentes (armas termonucleares). Durante la década de 1950, los Estados Unidos, que en cuanto a armas nucleares tenían una ventaja de al menos diez a uno sobre la Unión Soviética, decían pública y reiteradamente que, en respuesta a cualquier acción inaceptable de la URSS, serían los primeros en utilizarlas directamente contra las ciudades de ese país.

> En esencia, la política nuclear norteamericana ha sido una estrategia bélica que ha incluido explícitamente desde el principio el uso de armas nucleares.
>
> Robert McNamara, secretario de Defensa
> de los EE. UU., 1961-1968[4]

John Foster Dulles, secretario de Estado de los EE. UU., plasmó formalmente esta política en la doctrina de «represalia masiva» en un discurso de enero de 1954, cuando anunció que los Estados Unidos «nos basaremos sobre todo en nuestra gran capacidad para tomar represalias, en el acto, con los medios y en los lugares de nuestra propia elección»: se trataba de contraatacar con el empleo masivo de armas nucleares norteamericanas en suelo soviético. Es decir, esta sería la respuesta a cualquier operación soviética, aun sin ser nuclear, que amenazara los intereses estadounidenses en cualquier parte del mundo.

Era exactamente lo contrario de la política de «disuasión mínima» propugnada por Bernard Brodie y sus colegas, muchos de los cuales están actualmente trabajando como analistas de defensa civil en RAND, laboratorio de ideas de Santa Mónica, California, que fue fundado y financiado por la Fuerza Aérea de los EE. UU. Estaban convencidos con razón de que, en cuanto la Unión Soviética alcanzara la capacidad para lanzar un número siquiera limitado de armas termonucleares sobre ciudades norteamericanas, daba igual que los EE. UU. tuvieran muchas más, y en 1957 temían que los rusos estuvieran acercándose a ese objetivo. Por tanto, convencieron a sus superiores de que debían avisar al general LeMay, todavía al frente del Comando Aéreo Estratégico (SAC, por sus siglas en inglés), y decirle que la creciente flota soviética de bombarderos podía hacerle un «Pearl Harbor» al SAC sobre el terreno.

REPRESALIAS MASIVAS
respuesta nuclear inmediata
y contundente a un ataque
o amenaza, nuclear o no
nuclear

DISUASIÓN MÍNIMA
posesión de una fuerza
nuclear no superior a la
necesaria para disuadir de
ataques nucleares; una
política de «no ser
el primero»

LeMay no estaba nada preocupado. Respondió simplemente que aviones norteamericanos de reconocimiento realizaban operaciones de vuelo secretas sobre territorio soviético veinticuatro horas al día.

> Si veo que los rusos están reuniendo sus aviones para efectuar un ataque, voy a pegarles una paliza antes de que puedan despegar. No me importa [que no sea la política nacional]. Es mi política. Eso haré.
>
> General Curtis LeMay[5]

No hay motivos para dudar de que LeMay habría hecho un trabajo concienzudo, pero las cosas no habrían acabado ahí, pues aunque hubiera logrado destruir la mayoría de las ciudades soviéticas, estas cosas provocan resentimiento, y nadie querría que los rusos vinieran luego a vengarse. No está claro si se habría disculpado en caso de que (a) después se hubiera sabido que su servicio de inteligencia había interpretado mal los movimientos soviéticos y que después de todo no se planeaba realmente ningún ataque, o (b) de que todo el planeta se hubiera vuelto oscuro y frío.

A medida que la década de 1950 se acercaba al final, no obstante, las autoridades civiles de Washington se mostraban cada vez más inquietas por las repercusiones de la estrategia de los EE. UU. Como dijo en 1957 el presidente Dwight Eisenhower, «no se puede hacer esta clase de guerra. No habría suficientes excavadoras para recoger los cadáveres de las calles».[6] Un año después, John Foster Dulles fue al Pentágono y comunicó formalmente a la Junta de Jefes del Estado Mayor que abandonaba la doctrina de la represalia masiva.[7]

No obstante, la Administración Eisenhower también rechazó las propuestas de que debía reforzar las fuerzas convencionales estadounidenses para librar las guerras que, en principio, ya no podrían ser evitadas mediante una represalia nuclear masiva. Eisenhower se limitó a pasar por alto la descarada manipulación de los informes de inteligencia del SAC que predecían un amenazante «déficit de bombarderos» a favor de la Unión Soviética entre 1955 y 1957, y a continuación otro «déficit de misiles» igualmente mítico entre 1957 y 1960. Antiguo soldado de carrera, con la sensatez propia de las fuerzas armadas, Eisenhower sabía que LeMay solo intentaba chantajearlo para que le diera al SAC más bombarderos y misiles. Y como en el horizonte no veía probable ninguna guerra importante, se negó sin más a embarcarse en ningún programa de choque para fortalecer un estamento militar que en la práctica ya estaba aterrorizando suficientemente a los soviéticos. Al fin y al cabo, hacia 1960 los EE. UU. tenían seis o siete mil bombas termonucleares, todas ellas varias veces más potentes que la de Hiroshima.[8]

Proliferación

> Ningún país sin la bomba atómica puede considerarse de veras independiente.
>
> Charles de Gaulle, presidente de Francia, 1968[9]

En tiempo de guerra, durante el frenético impulso para desarrollar bombas atómicas antes de que las tuvieran los alemanes (o eso se temía), Reino Unido y Canadá habían fusionado voluntariamente sus considerables recursos de talento científico, tecnología y mineral de uranio con el Proyecto Manhattan radicado en los EE. UU., pero no había acuerdo sobre cómo compartir las armas nucleares concretas que surgieran de tal proyecto. Como es lógico, el gobierno estadounidense no tenía intención de compartir nada, lo cual generó respuestas muy diferentes en los otros dos países. Pese al importante papel que había desempeñado en la guerra, como Canadá no pretendía ser protagonista desde el punto de vista militar global, decidió prácticamente sin debate que las armas nucleares eran irrelevantes para su seguridad. Reino Unido miró al ejército soviético, establecido en medio de Alemania, a poco más de 600 kilómetros, y llegó a la conclusión de que necesitaba urgentemente armas nucleares propias por si las cosas se ponían feas.

Francia llegó exactamente a las mismas conclusiones y puso en marcha su propio programa nuclear. En cuanto el régimen comunista chino hubo roto con Moscú, a finales de la década de 1950, también desarrolló un programa de fabricación de armas nucleares para prevenir un ataque nuclear soviético –en todos los casos, eran fuerzas de «disuasión mínima». Ninguno de estos países tenía capacidad para colocar un arma nuclear en cada silo de misiles y en cada ciudad pequeña, como sí la tenían los Estados Unidos, pero no lo consideraban necesario.

Los franceses afirmaban ser capaces de «arrancarle un brazo al oso soviético». Para sus fuerzas nucleares, los británicos tenían un «criterio de Moscú» explícito: mientras Reino Unido fuera capaz de arrasar Moscú, calculaban, los rusos probablemente no emplearían armas nucleares contra objetivos británicos. Sin embargo, ambos países también consideraban en privado que sus armas nucleares eran una forma de garantizar que Washington mostraría el coraje necesario ante un ataque convencional soviético en Europa. Pese a todas las promesas de «represalia masiva», llegado el momento acaso los EE. UU. prefiriesen dejar que Europa se fuera a pique a emprender una guerra nuclear en la que las ciudades norteamericanas también arderían. Unas fuerzas nucleares británicas y francesas independientes garantizaban que esto no sucediera. Para garantizar que sus misiles no fueran eliminados en un primer golpe por sorpresa, los dos países emularon también el ejemplo norteamericano e instalaron algunos de los misiles en submarinos.

Durante la década de 1980, tanto Francia como Reino Unido fueron desarrollando su arsenal nuclear, lo que les proporcionó la capacidad para destruir casi mil objetivos cada uno. Aunque parecía más contenida en la cuestión de los números, China instaló algunos de sus misiles en submarinos en cuanto pudo, como dicta la política de disuasión mínima. Israel, cuyas primeras armas nucleares seguramente fueron fabricadas a mediados de la década de 1960, no colocó ninguna en submarinos hasta mucho más adelante, pues no tenía motivos para creer que pudiera perder sus armas en un ataque árabe sorpresa. Como ningún país árabe contaba entonces –ni cuenta ahora– con armas nucleares, Israel tenía las manos libres para seguir una estrategia tácita de «represalia masiva»: todos los países árabes sabían que una derrota militar israelí en una guerra convencional podía empujar a Israel a utilizar armas nucleares. Ciertos datos anecdóticos indican a las claras que el país estuvo preparándose activamente para emplear sus armas nucleares durante los primeros días de pánico de la guerra de 1973, contra Egipto y Siria.

La firma del Tratado de No Proliferación Nuclear en 1968, en el que las cinco potencias nucleares declaradas accedieron a no transferir sus armas a otros países, y otro centenar largo de países aceptaron no desarrollar armas nucleares por sí mismos, puso punto final a ese período de veinte años en el que el número de países con armas nucleares pasó de uno a seis; Israel guardó silencio al respecto. Y tuvieron que pasar treinta años hasta que otro país tuviera oficialmente armas nucleares.

La falacia de la guerra nuclear limitada

Creí que eran las personas más peligrosas, depravadas y en esencia monstruosas. La verdad es que habían construido una máquina del juicio final.

Daniel Ellsberg, 1961

Cuando la Administración Kennedy inició su andadura, en 1961 (desde el punto de vista electoral, gracias en parte al mito del «déficit de misiles»), trasladó un grupo entero de analistas del RAND al Departamento de Defensa. A uno de ellos, Daniel Ellsberg, le enseñaron el Plan Operativo Único Integrado (SIOP, por sus siglas en inglés), que asignaba objetivos para las armas nucleares entre las diferentes secciones de las fuerzas armadas de los EE. UU. Se quedó estupefacto: el único plan bélico del SAC era lanzar todas las armas nucleares estadounidenses al mismo tiempo contra todos los objetivos militares importantes y todas las ciudades de la Unión Soviética y China, muchos de los cuales se hallaban en Europa oriental. No se guardaría nada para un segundo ataque, no habría ninguna posibilidad de dejar fuera a China ni a los países «satélites» de Europa oriental ocupados por los soviéticos aunque no estuvieran involucrados, y el ataque mataría entre 360 y 425 millones de personas, más de una décima parte de la población mundial en aquel entonces. Como cada sección de las fuerzas armadas de los EE. UU. quería lanzar sus propias armas nucleares sobre Moscú, en la capital soviética caerían 170 bombas, entre atómicas y de hidrógeno.[10]

Cartel de cine para el corto de animación *Duck and Cover* [Agáchate y cúbrete], dir. Anthony Rizzo, 1952: «¡Dios mío! Peligro. Bert se agacha y se cubre. Es inteligente, pero tiene el refugio en su espalda… debes aprender a encontrar refugio»

Robert McNamara, secretario de Defensa de Kennedy, recibió el mismo informe SIOP que Ellsberg y se quedó igual de asombrado, pero el SAC había previsto que algo así podía ocurrir y había elaborado una idea menos ofensiva para las sensibilidades civiles. En el nuevo escenario de la Fuerza Aérea, los Estados Unidos, incapaces de impedir un ataque soviético en Europa occidental con fuerzas convencionales, atacan aeródromos de bombarderos soviéticos, silos de misiles y bases de submarinos con armas nucleares, pero evitan golpear las ciudades soviéticas y mantienen en reserva parte de su fuerza. Los soviéticos responden, pero dejan a un lado las ciudades norteamericanas. Como los Estados Unidos lo empezaron todo, ganan en el intercambio de golpes y dicen a los soviéticos que se rindan o se cargarán sus ciudades una tras otra. Moscú se rinde, y el coste total de la guerra es «solo» de tres millones de vidas norteamericanas y cinco millones de vidas soviéticas.

McNamara se dejó convencer por esta estrategia del «intercambio de golpes», que parecía bastante menos disparatada que la del SIOP, y dijo al SAC que siguiera adelante y elaborara una doctrina «que permitiera respuestas controladas y pausas negociadoras» en el caso de una guerra termonuclear. A finales de año, el revisado plan estratégico de los EE. UU., SIOP-63, permitía reprogramar los objetivos de los misiles norteamericanos sobre la marcha y dispararlos uno a uno o en pequeño número (no en grupos de cincuenta como mínimo). Llegó a ser teóricamente posible que los Estados Unidos librasen una guerra nuclear «limitada», sin ciudades implicadas siempre y cuando los rusos accedieran a ello.[11] La verdad es que McNamara nunca confió en esa estrategia: en privado aconsejó tanto al presidente Kennedy como al presidente Johnson que no fueran los primeros en usar las armas nucleares bajo ninguna circunstancia –aunque oficialmente el nuevo SIOP suponía que debían prevalecer la prudencia y la racionalidad incluso después de que hubieran empezado a caer bombas nucleares sobre el país. Los acontecimientos pronto demostraron lo inverosímil de este supuesto.

Crisis de los misiles de Cuba

A finales de 1961, el líder soviético Nikita Jrushchov se dio cuenta de que los nuevos satélites de reconocimiento norteamericanos habían revelado que su afirmación de que poseía una gran fuerza de misiles balísticos intercontinentales era un simple farol. Sintiéndose avergonzado y vulnerable, en 1962 asumió el riesgo de desplegar en secreto misiles de corto alcance en el territorio de su nuevo aliado, Cuba, a fin de que diversas ciudades estadounidenses estuvieran a tiro de una considerable fuerza de misiles soviéticos y, en consecuencia, se redujera la brecha estratégica.

Los EE. UU. descubrieron los misiles, y estalló la crisis de los misiles de Cuba. Los Estados Unidos impusieron un bloqueo e iniciaron los preparativos para invadir la isla si Jrushchov no retiraba los misiles. Ante una crisis de verdad, nadie prestó la menor atención a la idea de una guerra nuclear limitada o a la estrategia del «intercambio de golpes».

Búnker de ojivas nucleares en construcción en San Cristóbal, Cuba, 23 de octubre de 1962. «Búnker de ojivas nucleares en construcción. San Cristóbal, emplazamiento 1»

El bando soviético era mucho más débil, pero al menos unos cuantos bombarderos y misiles de Jrushchov lograrían devastar algunas ciudades norteamericanas con independencia de lo que hiciera el gobierno de los EE. UU. Sin embargo, todo el mundo escapó a refugiarse en la relativa cordura de la fórmula disuasoria original de Brodie. El 22 de octubre, Kennedy declaró que los Estados Unidos consideraban que «cualquier misil lanzado desde Cuba contra cualquier país del hemisferio occidental sería un ataque de la Unión Soviética contra los Estados Unidos *que exigiría como respuesta la represalia total contra la Unión Soviética* [cursivas añadidas]».[12]

En todo caso, el presidente Kennedy creía que aún quedaba algo de tiempo, pues según sus servicios de inteligencia los misiles soviéticos de Cuba todavía carecían de ojivas nucleares. Así pues, Kennedy se concentró en interceptar barcos soviéticos que pudieran estar transportando las ojivas a Cuba al tiempo que seguía adelante con su plan de invadir la isla si Moscú no daba marcha atrás. Tras trece días espantosos, Moscú efectivamente dio marcha atrás. Jrushchov envió una carta a Kennedy en la que proponía retirar los misiles de Cuba a cambio de la promesa norteamericana de no invadir la isla y de retirar de Turquía unos misiles similares unos meses después.

En el bando estadounidense nadie reparó entonces en lo cerca que habían estado de una guerra nuclear. Si Jrushchov no hubiera enviado su propuesta de acuerdo, la invasión norteamericana de Cuba seguramente habría seguido adelante, aunque en Washington todos daban por sentado que habría que dar aún algunos pasos de baile antes de que se emplearan de veras armas nucleares. Al cabo de treinta años, Robert McNamara descubrió que en Washington todo el mundo estaba completamente equivocado.

Fue en enero de 1992, en una reunión presidida por Fidel Castro en La Habana, Cuba, cuando me enteré de que 162 ojivas nucleares, entre ellas 90 ojivas tácticas, estuvieron en la isla en los momentos cruciales de la crisis. No daba crédito a lo que estaba oyendo y [...] dije [...]: «Señor presidente [Castro], quiero hacerle tres preguntas. Primera, ¿sabía usted que las ojivas estaban ahí? Segunda, si lo sabía, y ante el posible ataque de los EE. UU., ¿le habría aconsejado a Jrushchov que las utilizara? Tercera, si las utilizaba, ¿qué le habría pasado a Cuba?».

Y él dijo: «Primera, sabía que estaban allí. Segunda, en efecto le aconsejé a Jrushchov que las utilizara. Tercera, ¿qué le habría pasado a Cuba? Pues que habría quedado totalmente arrasada».

Así de cerca estuvimos [...] pero él siguió hablando: «Señor McNamara, si usted y el presidente Kennedy se hubieran encontrado en una situación parecida, habrían hecho exactamente lo mismo». «Señor presidente», dije yo, «Ojalá no lo hubiéramos hecho. ¿Echarnos el templo encima? ¡Dios mío!».

Robert McNamara, de *The Fog of War*[13]

La amenaza de echar el templo encima de tu cabeza y la de todos los demás es la verdadera esencia de la disuasión nuclear, pero de estos episodios podemos sacar cierto consuelo. La crisis cubana puso de manifiesto que, en un enfrentamiento nuclear, el castigo por un error de cálculo es tan enorme que los dirigentes políticos han de actuar con suma cautela y moderación; la gente *sí* detecta la diferencia entre simulación y realidad.

Por otro lado, también dejó claro que los servicios de inteligencia siempre son imperfectos y que ciertas decisiones aparentemente racionales pueden ser en realidad fatales. Si los Estados Unidos hubieran invadido Cuba con motivo de los misiles antes de que estos fueran operativos (como se creía), sus marines habrían sido eliminados por misiles nucleares tácticos lanzados por comandantes soviéticos locales previamente autorizados a actuar sin esperar órdenes de Moscú, y habría comenzado la Tercera Guerra Mundial. Más adelante, el presidente Kennedy estimó que había habido una probabilidad entre tres de que la crisis cubana hubiera desembocado en una guerra nuclear.[14]

POSICIÓN UNO
De la crisis de los misiles de Cuba no se puede aprender ninguna lección. La guerra nuclear limitada es posible: un primer ataque táctico garantiza la rendición de un enemigo no dispuesto a poner en peligro a su población en la escalada.

POSICIÓN DOS
La guerra nuclear limitada es una quimera: además hay numerosas incógnitas. La crisis de Cuba puso de manifiesto que los servicios de inteligencia son imperfectos y que el enemigo no es previsible. Por tanto, la única opción es la disuasión mínima.

En los círculos estratégicos norteamericanos, la crisis de los misiles de Cuba debería haber acabado para siempre con la idea de una guerra nuclear limitada: nadie contemplaba en serio la posibilidad de «mostrar su resolución» con unos pocos ataques nucleares selectivos cuando está inmerso en una crisis real. En cualquier caso, los siguientes veinte años de política norteamericana de guerra nuclear estuvieron dominados en gran medida por la crónica división entre quienes querían que las armas nucleares fueran utilizables en guerras limitadas y quienes habían perdido por fin la fe.

¿Ingenieros o soldados?

A principios de la década de 1980, la doctrina norteamericana para librar una guerra nuclear se había convertido en una estructura de complejidad tan barroca y autorreferencial que tenía solo una relación lejana con el mundo real. Estaba casi tan separada de la realidad como las tripulaciones de combate de misiles, que permanecían largo tiempo bajo tierra en sus reforzados búnkeres de hormigón.

P. ¿Cómo se sentiría si alguna vez tuviera que hacerlo de verdad?

R. Bueno, en los ejercicios ordinarios que hacemos cada mes nos hemos entrenado tanto, que si realmente tuviéramos que lanzar los misiles, sería algo casi automático.

P. ¿No reflexionaría sobre ello llegado el momento?

R. No habría tiempo de pensar en nada hasta después de haber girado las llaves…

P. ¿Cree que después sí se pararía a reflexionar?

R. Sí, creo que sí.

Conversación con el comandante de la tripulación
de los LGM-30 Minuteman
Base de Whiteman de la Fuerza Aérea, 1982

Todavía en 1945 las tripulaciones de los bombarderos podían ver las ciudades arder debajo de ellos (aunque no a la gente), pero el personal de lanzamiento de Minuteman nunca ve sus objetivos, que se hallan a 10.000 km. El joven comandante citado antes llevaba en el bolsillo una etiqueta que ponía «tripulación de combate», y probablemente habría muerto en el caso de un «intercambio» de misiles balísticos con cabeza nuclear, pero no era un guerrero. En la práctica, su tarea se parecía más a la de un ingeniero de servicio en una central nuclear, y se pasaba las

Miembro de la tripulación de Minuteman durante unas pruebas de «fiabilidad del personal»

largas horas de vigilancia haciendo un curso por correspondencia para sacarse un MBA. O sea, no tenía mucho que ver con el soldado corriente de infantería –aunque la verdad es que la guerra nuclear no es realmente una iniciativa militar en ningún sentido reconocible–.

Guerra de las Galaxias

A principios de la década de 1980, las cinco potencias nucleares habían acumulado un total de más de 2.500 misiles balísticos terrestres, más de mil en submarinos, y miles de aviones capaces de transportar bombas nucleares, misiles de crucero desde tierra, mar o aire, y una gran variedad de armas nucleares tácticas. En el mundo había más de 50.000 ojivas nucleares, y de repente el presidente Reagan introdujo el concepto de Iniciativa de Defensa Estratégica («Guerra de las Galaxias»).

Los partidarios de la Guerra de las Galaxias jamás creyeron que podía proteger totalmente a los Estados Unidos de un ataque nuclear, pues la observación de Bernard Brodie de 1946 seguía siendo válida: toda defensa aérea (y espacial) funciona con arreglo al principio de desgaste, es decir, una parte de las armas atacantes siempre pasarán. Si se trata de armas nucleares, siquiera una pequeña fracción ya es demasiado. No obstante, las defensas estadounidenses espaciales

quizás fueran capaces de hacer frente a un ataque de represalia si la Unión Soviética ya había resultado devastada por un primer ataque norteamericano en gran medida exitoso.

El propio presidente Reagan nunca comprendió lo que realmente buscaba la gente que le había convencido de las bondades de la Guerra de las Galaxias. No se trataba de una protección general contra un ataque nuclear, sino de una defensa parcial para los silos de misiles y otras instalaciones estratégicas desde donde los Estados Unidos quizás algún día intentarían librar y ganar una guerra nuclear limitada. Era el mismo viejo juego en el que llevaban veinte años, pero sus asesores recurrieron a la auténtica aversión de Reagan a las armas nucleares, de modo que el presidente se enamoró de aquello debido a su deseo de liberarse de la guerra nuclear por arte de magia. Los mandatarios rusos sí que entendieron muy bien lo que pretendían Caspar Weinberger, secretario de Defensa de Reagan, y los partidarios de la Guerra Fría que lo rodeaban, y no les gustó nada.

> A primera vista, los legos en la materia quizá encuentren incluso atractivo que [el presidente Reagan] hable de lo que parecen medidas defensivas [...] En realidad, las fuerzas ofensivas estratégicas de los Estados Unidos seguirán desarrollándose y actualizándose a toda máquina [con el propósito] de adquirir la capacidad para llevar a cabo con éxito un primer ataque nuclear [...] [Es] un intento de desarmar a la Unión Soviética.
>
> Líder soviético Yuri Andropov, 1983[15]

Fin del imperio del mal

La Guerra Fría nunca subió mucho de temperatura. A la muerte del veterano dictador Leonid Brézhnev en 1982, en la Unión Soviética se iniciaron cambios prometedores, y en 1985 se hizo con el poder un reformista radical llamado Mijaíl Gorbachov. El deseo de Ronald Reagan de poner fin a la amenaza de guerra nuclear era igualmente verdadero, y en la cumbre de Reikiavik de 1986 horrorizó a sus asesores al proponer que ambos países se deshicieran de todos sus misiles balísticos. A su juicio, si la disuasión nuclear se basaba solo en bombarderos relativamente lentos y misiles de crucero, el mundo sería un lugar más seguro.

Esta iniciativa fue tumbada por los asesores de ambos dirigentes, si bien en la primera visita de Gorbachov a los EE. UU., en 1987, los dos hombres firmaron el Tratado sobre Fuerzas Nucleares de Rango Intermedio, que terminó con el miedo a la instalación en Europa de una nueva generación de misiles nucleares. Cuando Reagan visitó Moscú en junio de 1988, declaró que «desde luego» la Guerra Fría había acabado, y que sus referencias al «imperio del mal» eran «de otra época». Ya antes de la caída del Muro de Berlín al año siguiente, los Estados Unidos y la Unión Soviética habían dejado de ser adversarios estratégicos.

Reagan y Gorbachov se reúnen por primera vez en Ginebra,
noviembre de 1985

Así pues, aunque el primer enfrentamiento militar largo entre dos potencias nucleares concluyó de forma pacífica, no ofrecía garantías de cara al futuro. A lo mejor habían sido solo cuarenta años de pura suerte, pues varias veces se estuvo a punto de usar armas nucleares, y por otro lado las nuevas tecnologías seguían introduciendo nuevas inestabilidades en el sistema.

Además, solo justo al final supieron todos qué habría pasado si se llegan a utilizar todas aquellas armas.

Invierno nuclear

> Mediante pasos lentos e imperceptibles, hemos estado construyendo una Máquina del Juicio Final. Hasta hace poco, y encima por casualidad, nadie se había dado ni cuenta. Además, hemos distribuido los gatillos por todo el hemisferio Norte.
>
> Carl Sagan[16]

En 1971, un reducido grupo de científicos reunidos para analizar las observaciones de Marte realizadas por el Mariner 9 descubrieron que todo el planeta estaba cubierto por una inmensa tormenta de polvo que duró tres meses. Sin nada mejor que hacer, pasaron un montón de tiempo calculando cómo esa persistente nube de polvo alteraría las condiciones de la superficie de Marte. Respuesta: reduciría drásticamente la temperatura del suelo.

Como la tormenta de polvo seguía muy activa, a continuación examinaron registros meteorológicos para ver si las explosiones volcánicas en la Tierra (que impulsa cantidades de polvo relativamente pequeñas a la atmósfera superior) provocaban efectos similares. Observaron que cada vez que un volcán importante explota tiene lugar un pequeño descenso de la temperatura global media que suele durar poco más de un año.

Como eso era interesante –y la superficie de Marte todavía estaba a oscuras–, pasaron a estudiar los asteroides que, tras chocar con nuestro planeta, mandaban inmensas cantidades de polvo a la atmósfera. Esto había ocurrido muchas veces en el pasado, y había pruebas de que al menos una de estas colisiones se tradujo en cambios climáticos temporales –aunque enormes– que provocaron extinciones masivas de seres vivos.

Cuando amainó la tormenta de polvo de Marte, se analizaron datos del Mariner 9 y cada científico se fue por su lado. No obstante, permanecieron en contacto (se llamaban a sí mismos los TTAPS, por las primeras letras de sus respectivos apellidos) y continuaron trabajando en el nuevo problema con el que se habían encontrado. Doce años después, en 1983, publicaron sus resultados.

El grupo TTAPS llegó a la conclusión de que un enfrentamiento nuclear sustancial cubriría al menos el hemisferio norte, y tal vez el planeta entero, con una capa de humo y polvo que dejaría la superficie casi a oscuras durante un período de hasta seis meses. En las zonas interiores continentales, la temperatura de la superficie se reduciría unos 40 °C (por debajo del punto de congelación en cualquier estación) durante un período similar. Y una vez suficientes partículas de polvo y hollín se hubiesen depositado desde la estratosfera y permitieran de nuevo el paso de la luz del sol, la destrucción de la capa de ozono por las bolas de fuego termonucleares permitiría llegar a la superficie terrestre el doble o el triple de luz ultravioleta, lo que provocaría ceguera o quemaduras solares letales a los desprotegidos seres humanos.[17]

Todo el mundo sabía ya que una guerra nuclear de cierta magnitud mataría en el acto a centenares de millones de personas de países de la OTAN y del Pacto de Varsovia, y que destruiría la mayor parte de la industria mundial y su legado artístico, científico y arquitectónico. La lluvia radiactiva y los daños en la agricultura del hemisferio Norte provocarían después cientos de millones de muertes adicionales a causa de la hambruna y las enfermedades. Pero la posibilidad de un «invierno nuclear» era mucho peor.

Ahora ya sabíamos que, tras un enfrentamiento nuclear a gran escala, el frío y la oscuridad persistirían en todo el mundo durante un año y medio, a raíz de lo cual desaparecerían especies enteras de animales y plantas debilitadas por las elevadas dosis de radiactividad; y también que, cuando por fin se despejara la penumbra, la radiación ultravioleta, la inanición y la enfermedad darían lugar a muchas más desgracias. En abril de 1983, un simposio de cuarenta ilustres biólogos llegó a la siguiente conclusión:

> Cabía esperar la extinción de especies en la mayoría de los animales y de las plantas tropicales, y también en la mayoría de los vertebrados terrestres de las regiones septentrionales templadas, y de un gran número de plantas y numerosos organismos marinos y de agua dulce [...] Está claro que solo los efectos ecosistémicos resultantes de una guerra termonuclear a gran

escala bastarían para destruir la actual civilización al menos en el hemisferio Norte. Si añadimos los damnificados directos –quizá unos dos mil millones de personas–, los efectos a medio y largo plazo de una guerra nuclear dan a entender que en el hemisferio Norte quizás al final no habría supervivientes humanos [...]

En casi cualquier situación realista que contemple enfrentamientos nucleares entre las superpotencias, los cambios ambientales globales bastarían para ocasionar una extinción masiva equivalente a la producida al final del Cretácico –o incluso más grave–, cuando probablemente desaparecieron los dinosaurios y muchas otras especies. Si se da el caso, no podemos descartar la posibilidad de que se extinga el *Homo Sapiens*.

Paul R. Ehrlich *et al.* «The Long Term Biological Consequences of Nuclear War», *Science*, vol. 222

¿Cuántas armas nucleares harían falta para provocar estos efectos? Depende del tipo de guerra. Si se trata de una guerra nuclear «limitada», tan del agrado de los teóricos –donde cada bando solo ataca los aeródromos, los silos de misiles, etc., del otro bando y evita las ciudades–, muchas. Para provocar un invierno nuclear, serían necesarias dos o tres mil explosiones terrestres de gran potencia. De todos modos, a mediados de la década de 1980, el arsenal nuclear de los Estados Unidos y la Unión Soviética era más o menos de trece mil megatones, suficiente para librar esta clase de guerra.

En una guerra en la que se ataca a las ciudades, el umbral es muy inferior, pues los millones de toneladas de hollín emanadas de las urbes en llamas serían un fuerte agente fumígeno. Bastarían apenas un centenar de explosiones aéreas de un megatón sobre cien ciudades.[19] Incluso la India y Pakistán están acercándose a este umbral; aparte de esto, no es realista imaginar que en una guerra nuclear las ciudades se vayan a salvar: en ellas se hallan muchos objetivos vitales industriales, de control, mando y dirección política. Las ciudades serían castigadas y arderían.

A finales de la década de 1980, cuando ya se habían llevado a cabo muchas investigaciones sobre el «invierno nuclear», la hipótesis se mantenía viva pese a los grandes esfuerzos oficiales por desprestigiarla. En 1990, el grupo TTAPS resumió el estudio en *Science*,[20] donde informaba de que «la física básica del invierno nuclear había sido ratificada en diversas evaluaciones técnicas internacionales acreditadas y numerosas investigaciones científicas individuales». Desde 1990 se han llevado a cabo pocas investigaciones más sobre el invierno nuclear debido a la súbita pérdida de interés en el asunto de la guerra nuclear tras el desmoronamiento de la Unión Soviética.

«Ha cambiado todo excepto nuestra manera de pensar» (Albert Einstein)

Nuestra manera de pensar

Han pasado tres cuartos de siglo desde que alguna gran potencia se enfrentara directamente a otra, el intervalo más largo desde la aparición, a mediados de la década de 1600, de los Estados modernos. No obstante, ninguna gran potencia ha renunciado a la guerra como instrumento político, y en nuestra era tecnológica la guerra entre grandes potencias seguramente significa «guerra nuclear». En las décadas y siglos venideros entre las superpotencias habrá nuevos enfrentamientos, que sin duda incluirán los mismos tipos de desajuste doctrinal, de malentendidos culturales y de arrogancia tecnológica que caracterizaron los enfrentamientos anteriores.

Hemos llegado al dilema que ha estado esperándonos desde el principio: la guerra está profundamente arraigada en nuestra cultura, pero es letalmente incompatible con una civilización tecnológica avanzada. Albert Einstein lo vio claro en 1945: «Ha cambiado todo excepto nuestra manera de pensar».

Trifurcación: nuclear, convencional, terrorista

Nuevas categorías

> Si utilizamos [armas nucleares] contra el enemigo, provoca-
> mos ansia de venganza, conmoción, horror y un ciclo de repre-
> salias con un final de difícil pronóstico [...] Estamos metidos
> en una camisa de fuerza de racionalidad que nos impide atacar
> al enemigo [...] La guerra ha de regresar a su lugar tradicional
> como continuación de la política por otros medios.
> William Kaufmann, analista de RAND, 1955[1]

Antes había solo una clase de guerra. La llevaban a cabo los países,
implicaba a ejércitos y se basaba en estrategias que respondían a fines
políticos. También había otros tipos de violencia, desde las revueltas populares al simple bandidaje, pero la diferencia estaba clara. De
pronto, a partir de 1945, hubo tres clases de guerra: la nuclear, para
la que todas las superpotencias debían estar preparadas pero no se
libraba nunca; la de guerrillas y el terrorismo, que han captado y
mantenido la atención de la gente durante los últimos setenta y cinco
años; y, por supuesto, la guerra «convencional», que sigue prosperan-
do al margen del punto muerto nuclear.

Antes de 1945 no existía la categoría de «guerra convencional» ya
que todas las guerras lo eran. Para las grandes potencias, debería haber desaparecido prácticamente a partir de 1945, pues, debido a las

armas nucleares, la guerra incluso al modo tradicional –ejércitos que combaten entre sí, la toma y conservación de un territorio– se volvía peligrosa hasta límites inconcebibles. Sea como fuere, las superpotencias todavía habitaban un sistema internacional que daba por sentada la posibilidad de la guerra, y cada gobierno estaba sustentado en instituciones grandes y poderosas cuya finalidad era prepararse para las guerras y, si hacía falta, librarlas. Como era un dilema irresoluble, no lo solucionaron nunca.

Los dos países victoriosos que emergieron de la Segunda Guerra Mundial como «superpotencias», los Estados Unidos y la Unión Soviética, dividieron Europa, centro del poder mundial durante los tres siglos anteriores, en esferas de influencia cuyas fronteras discurrían aproximadamente a lo largo de las líneas donde sus ejércitos se habían detenido en 1945. A continuación se identificaron mutuamente como enemigos e iniciaron una larga y peligrosa confrontación militar. Esto era totalmente normal, como lo era también el hecho de que subrayaran sus diferencias ideológicas para explicar, justificar y reforzar una hostilidad que habría surgido en cualquier caso. Es improbable que una potencia pretendiera jamás atacar a la otra, pero en términos generales cabe decir que estuvieron en torno a medio siglo lejos de la siguiente guerra mundial; siempre, eso sí, en función de cómo definamos una guerra mundial.

Barajar las cartas

Normalmente contamos solo las dos grandes guerras del siglo xx como «guerras mundiales», pero en realidad eran lo mismo de siempre con mejores tecnologías bélicas. Desde un punto de vista político, una «guerra mundial» es aquella en la que están involucradas las grandes potencias de la época. Entre 1600 y 1950, todas las potencias importantes –es decir, las capaces de trasladar una fuerza considerable a cierta distancia de sus fronteras– eran europeas, y como tenían imperios dispersos por el mundo entero, las guerras de aquel entonces tenían lugar por todo el planeta. Sin embargo, la geografía no es el criterio clave. Hablamos de «guerra mundial» cuando todas las grandes potencias se unen en dos grandes alianzas rivales y cuando la contienda acaba afectando prácticamente a todos. Al final, se hace una lista con las disputas pendientes entre las potencias y se resuelven en un acuerdo de paz.

Según este criterio, en la historia moderna se han producido seis guerras mundiales: la Guerra de los Treinta Años, de 1618 a 1648; la Guerra de Sucesión Española, de 1702 a 1714; la Guerra de los Siete Años, de 1756 a 1763; las Guerras Napoleónicas y Revolucionarias, de 1791 a 1815; y las dos que llevan efectivamente el nombre de Guerra Mundial, la de 1914 a 1918 y la de 1939 a 1945. En su momento, la gente consideró que esas guerras habían «arreglado» las cosas de forma concluyente y que habían definido el *statu quo* respectivo de las potencias para un futuro de relativa paz. Lo que no se solía advertir (quizá porque la mayoría estuvo presente solo en uno de estos acontecimientos) era que las «guerras mundiales» aparecían más o menos cada medio siglo.

Aparte del prolongado intervalo del siglo xix, a lo largo de la historia moderna las grandes potencias han guerreado entre sí cada cincuenta años aproximadamente; por otro lado, la «larga paz» del siglo xix es engañosa. Entre 1854 y 1870, según lo previsto, cada gran potencia combatió contra otra o varias de ellas: Reino Unido, Francia y Turquía contra Rusia; Francia e Italia contra Austria; Alemania contra Austria; y Alemania contra Francia. Como todas esas guerras salvo la primera culminaron en una victoria decisiva en menos de seis meses, no se extendieron de la forma habitual para incluir a todas las demás potencias. (Cuanto más dura una guerra entre dos superpotencias, más probable es que arrastre a otras a implicarse.)

No obstante, esta serie de guerras pequeñas originó en la distribución internacional del poder cambios tan significativos como los provocados normalmente por las guerras mundiales. En el corazón de Europa surgieron una Italia unificada y un poderoso imperio alemán, mientras en el caso de Austria se confirmaba su declive relativo y Francia perdía su condición de primera potencia continental. A continuación, el sistema de las grandes potencias se consolidó en un largo período de paz: tras el Tratado de Fráncfort de 1871 –como ocurriera con el Congreso de Viena de 1815–, hubo cuatro décadas en las que las superpotencias europeas no lucharon entre sí.

¿Por qué había un patrón tan cíclico? ¿Por qué las principales potencias iban a la guerra más o menos cada cincuenta años?

Cada guerra mundial reorganiza la baraja, y luego el tratado de paz fija los cambios fronterizos y define el rango de las potencias en el nuevo orden jerárquico internacional. Los acuerdos de paz reflejan las verdaderas relaciones de poder a escala mundial en la época en que se firman. Aplicarlos es fácil, pues los vencedores acaban de ganar la guerra. Pero, a medida que pasan las décadas, la riqueza y la población de ciertas potencias crecen deprisa mientras las de otras bajan. Al cabo de medio siglo, las auténticas relaciones de poder en el mundo difieren mucho de las estipuladas en el último acuerdo de paz. Es entonces cuando una nación emergente, frustrada por su lugar asignado en el concierto internacional, o algún país que teme estar perdiendo demasiado terreno, rompen la baraja.

La cifra de los cincuenta años no tiene magia alguna; solo es el tiempo que necesitan las diferentes potencias para romper las relaciones reflejadas en el último acuerdo de paz. Nos cuesta ver el ritmo histórico normal porque la Segunda Guerra Mundial llegó solo veinte años después de la Primera, aunque acaso se deba al hecho de que esta última fue la primera guerra «total». En consecuencia, desembocó en un tratado de paz especialmente draconiano, pues los vencedores no habían sufrido tanto para mostrarse tan innecesariamente vengativos. «Las victorias espectaculares propician malos acuerdos de paz», señalaba Guglielmo Ferrero, y, de hecho, el Tratado de Versalles de 1919, con sus extremas exigencias, fue una inadmisible tergiversación de las verdaderas relaciones de poder en el mundo. Alemania había perdido la guerra, pero no iba a tener menos poder que Francia durante los siguientes cincuenta años.

La Segunda Guerra Mundial terminó en una victoria igualmente espectacular, pero la posterior paz entre las grandes potencias ya ha durado casi cuatro veces más. El acuerdo posterior a 1945 sí se rompió más o menos en la fecha debida, a finales de la década de 1980, pero fue sustituido pacíficamente. Entonces, ¿por qué al cabo de unos cincuenta años la Guerra Fría no ha dado paso a la Tercera Guerra Mundial?

¿Estúpidos o desesperados?

> La guerra es la continuación de la política por otros medios.
>
> Karl von Clausewitz[2]

> Las naciones no tienen amigos ni enemigos permanentes, solo intereses permanentes.
>
> Lord Palmerston[3]

A lo largo de los milenios se han acumulado muchísimas creencias sobre el despiadado entorno en el que operan los países. Los que ascienden a posiciones de poder político saben que las peleas internas resueltas mediante la ley suelen resolverse mediante la guerra cuando tienen lugar entre países, pues hay pocas leyes internacionales y ninguna capacidad para garantizar su cumplimiento. Por otro lado, quienes sirvieron en las fuerzas armadas, incluso a finales del siglo XX, se vieron obligados a creer simultáneamente que las armas nucleares habían vuelto impensable una guerra y que esta todavía era posible.

Durante más de cuatro décadas –toda una vida para una generación de soldados–, hubo un intento sostenido de convertir Europa central en un parque natural donde las superpotencias pudieran preservar una especie protegida, la guerra convencional, ya que la alternativa era volver a la guerra total. Y la próxima vez sería una guerra total *nuclear*. Sin embargo, la línea que trazaron entre la guerra nuclear y la convencional era una distinción artificial, y además muy endeble.

> Siempre he tenido un miedo atroz, desde que estuve al mando de una división en Alemania a finales de los cincuenta y apareció el arma nuclear por primera vez como una nube de algodón en la mesa de arena. La suposición de que puedes controlar un arma nuclear es fantasía pura [...] Una cosa que puedes dar por segura es que habrá muchas probabilidades de que se produzca una escalada temprana y abrupta hacia un enfrentamiento estratégico abierto que nadie desea. Así que no debemos usar estas cosas.
>
> General sir John Hackett

El logro soviético de una capacidad nuclear más o menos equiparable a la de los Estados Unidos debería haber puesto fin al período en el que Washington consideraba que los ataques nucleares eran una herramienta militar útil, pues en una guerra así ambos países acabarían efectivamente destruidos. Sin embargo, ambos bandos siguieron modernizando sus tropas dotadas de armas convencionales a lo largo del «Frente Central» (la frontera entre las dos Alemanias, Occidental y Oriental), e incluso elaboraron teorías sobre cómo podían emplearse armas nucleares «tácticas» en circunstancias parecidas a las de la guerra nuclear total.

> No existe nada parecido a una escalada previamente planificada que necesariamente debería hacerse por pasos, por lo que

primero sería una guerra convencional y luego una guerra nuclear. Esto sería muy contrario a nuestra filosofía de una respuesta flexible. «Respuesta flexible» significa que el enemigo se enfrenta a un riesgo del todo incalculable. Podría ser muy bien que usáramos armas nucleares desde el principio. Si se toma la decisión política pertinente, el ejército está preparado para ello.

General Ferdinand von Senger und Etterlin, comandante en jefe de las Fuerzas Aliadas en Europa Central, 1982

REALISMO VS. **PENSAMIENTO ILUSORIO**

EN CÍRCULOS MILITARES

Armas nucleares

No pueden utilizarse sin un riesgo inadmisible de aniquilación mutua

Vuelven obsoleta la guerra convencional

Hemos de centrarnos en evitar las guerras, no en librarlas

vuelven obsoleta la guerra convencional

amenazan toda nuestra *raison d'être*

a menos que...

inventemos el concepto de **guerra nuclear convencional**

Pese a las belicosas palabras del general, en realidad la doctrina de la *respuesta flexible* era un intento de la OTAN por mantener en Europa un enfrentamiento en un nivel «convencional» del tipo de la Segunda Guerra Mundial al menos durante un tiempo, antes de que ambos bandos emplearan sus armas nucleares –en la práctica los soviéticos adoptaron la misma política en 1970–. Las dos partes esperaban que, incluso después de que se hubieran utilizado en Europa las primeras armas nucleares de potencia relativamente baja –seguramente para frenar un avance en algún sitio–, todavía pudieran limitar la escalada más allá de las armas nucleares «del campo de batalla» al menos unos días más antes de que las armas nucleares «estratégicas» empezaran a destruir ciudades en territorio tanto ruso como norteamericano.

Los soldados que dedicaron su vida a esta iniciativa, ¿eran estúpidos o solo estaban desesperados? Algunos aún no habían captado la verdad expresada por Bernard Brodie en 1945 –que su función no era hacer la guerra sino evitarla–, aunque los mejor informados sí sabían que las armas nucleares lo habían «cambiado todo». No obstante, como eran soldados con la orden de vigilar una frontera, lo hicieron lo mejor que pudieron. Si la capacidad para mantener en la cabeza dos ideas contrarias a la vez y conservar la aptitud para actuar es señal de una inteligencia de primera clase (como sugirió F. Scott Fitzgerald), entonces superaron la prueba.

Una guerra nuclear «limitada» en el Frente Central no solo habría destruido la mayor parte de los ejércitos involucrados, sino que además en cuestión de días habría matado a millones o decenas de millones de civiles en el centro de Europa. Sin embargo, quizás habría proporcionado una última oportunidad para la reflexión y el replanteamiento antes de que los adversarios pasaran a usar las armas nucleares «estratégicas» y a devastar todo el hemisferio Norte. O quizá no.

En Wintex'83, uno de los últimos ejercicios anuales de mando y estado mayor de la OTAN antes de que la Guerra Fría echara el cierre, el guion incluía que el 3 de marzo las fuerzas del Pacto de Varsovia cruzaban la frontera y entraban en Alemania Occidental. El 8 de marzo, los comandantes de la OTAN solicitaban autorización para usar sus armas nucleares a fin de detener el avance soviético, de modo que el 9 de marzo se ordenaba el primer ataque nuclear contra el Pacto de Varsovia. En este ejercicio, la guerra convencional duraba seis días.

Ensayo para el Armagedón: tropas británicas en el ejercicio Lionheart
de la OTAN en Alemania, 1984

No tan convencional

La obsesión por las armas nucleares durante la Guerra Fría eclipsó
otra realidad nueva que había estado acercándose sigilosamente,
y sigue haciéndolo en la actualidad: ha llegado a ser problemática
incluso una guerra estrictamente convencional librada con armas
de tecnología avanzada. Las de última generación –sistemas de
vigilancia en el campo de batalla, artefactos con «capacidad para
matar de un solo disparo», enjambres de drones y cosas así– están
transformando la guerra tradicional, hasta el punto de que algunos teóricos hablan de una «Revolución en los Asuntos Militares»
(RMA, por sus siglas en inglés). Existe algo así, sin duda, pero no
exactamente en el sentido que se pretende. La verdadera RMA
ha sido el enorme incremento de la proporción de pérdidas de
sistemas de combate en los enfrentamientos, en parte porque las
armas nuevas han llegado a ser tan complejas y caras que hay muchas menos, y en parte porque se destruyen unas a otras con una
tremenda eficacia.

Tanque israelí cruzando el canal de Suez durante la guerra árabe-israelí, octubre de 1973

La última vez que ejércitos modernos de fuerzas igualadas libraron una guerra convencional seria fue en Oriente Medio hace casi medio siglo, en 1973, cuando se enfrentaron Israel y dos de sus vecinos árabes, Siria y Egipto. En esa contienda, en menos de una semana los israelíes perdieron casi la mitad de su parque de tanques ante los misiles anticarro guiados por cable. Del mismo modo, en los cuatro primeros días de la guerra la fuerza aérea israelí perdió más de cien aviones de una reserva total de 390 debido a los misiles tierra-aire de fabricación rusa. Por suerte para Israel, en el octavo día de guerra los Estados Unidos iniciaron una enorme operación aerotransportada de reabastecimiento, en la cual se hizo llegar a su aliado centenares de tanques, aviones de combate, piezas de artillería y armas antitanque TOW. Sin embargo, en caso de guerra, pocos países cuentan con la posibilidad de un reabastecimiento inmediato semejante.

Después de la Segunda Guerra Mundial, también se ha producido una reducción del tamaño promedio de las fuerzas armadas nacionales a escala global, excepto donde haya habido un nivel especialmente alto de amenaza percibida; y ha sido sobre todo por dinero. No tiene sentido mantener ejércitos con más mano de obra de la que te puedes permitir para manejar armas de última generación, y por otra parte la mayoría de los países no pueden justificar la producción de grandes cantidades de armas de este tipo en tiempo de paz. Habría dinero prácticamente ilimitado al instante si las grandes potencias estuvieran en guerra entre sí, pero haría falta tiempo para aumentar de forma significativa la producción armamentística. Una guerra entre la OTAN y el Pacto de Varsovia en el «Frente Central» europeo en la década de 1980 habría sido una guerra «con lo puesto»: ambos bandos habrían perdido de inmediato sus principales armas, como los tanques o los aviones, a un ritmo imposible de compensar.

Para captar el enorme coste en material militar, fijémonos en el Spitfire, seguramente el mejor caza del mundo cuando en 1939 entró en servicio en la Royal Air Force. Fabricarlo valía entonces 5.000 libras, cantidad equivalente a los ingresos anuales medios de unos treinta británicos adultos. Cuando a principios de la década de 1980 lo sustituyó el Tornado, cada aparato costaba 17 millones de libras (los ingresos anuales de 3.750 británicos). La adquisición más reciente de la RAF, el F-35B de fabricación norteamericana, que llevó a cabo sus primeras misiones operativas en 2019, cuesta 190 millones cada uno incluyendo motores y parte electrónica (los ingresos anuales de 6.785 británicos). Dicho de otro modo, teniendo en cuenta la inflación, un F-35B es 225 veces más caro que un Spitfire. Como ningún país es 225 veces más rico que al principio de la Segunda Guerra Mundial, se pueden fabricar muchas menos armas. En el momento álgido de la Batalla de Inglaterra, en 1940, Reino Unido fabricaba ciento y pico de cazas a la semana. En la actualidad, el número total de cazas de la RAF ronda los 120.

La actual generación de cazas es mucho mejor que la de la Segunda Guerra Mundial, desde luego. Vuelan cuatro veces más rápido y llevan un peso de municiones cinco o seis veces superior; detectan y atacan a un enemigo a una distancia cien veces mayor que la de un Spitfire, y sus armas son mucho más precisas y letales. Sin embargo, esto es precisamente lo que agrava el problema: las fuerzas aéreas no solo pueden permitirse menos aparatos, sino que los pierden antes.

Ciertos conflictos más recientes se han producido entre ejércitos que o bien han usado sobre todo armas de generaciones anteriores, como en la guerra Irán-Irak de 1980 a 1988, o bien han exhibido las capacidades de un arma determinada, como los misiles antibuque de vuelo a baja altura empleados en la Guerra de las Malvinas entre Argentina y Reino Unido; o ha sido un enfrentamiento irremediablemente desigual, como las dos guerras entre los Estados Unidos e

Irak (1990-1991 y 2003). Ninguno de ellos nos da ningún detalle sobre lo que pasaría si dos fuerzas militares grandes, ambas equipadas y entrenadas como las actuales fuerzas armadas estadounidenses, lucharan entre sí.

Spitfire británico (izquierda) y F-35B norteamericano (derecha)

Si la guerra hubiera llegado a Europa en la década de 1980, por ejemplo, el comandante de la OTAN en Europa habría tenido a sus órdenes a unos tres millones de efectivos militares (400.000 de ellos norteamericanos), además de otros 1,7 millones de despliegue rápido en la reserva. Su homólogo soviético habría contado con unas fuerzas parecidas, aunque con más tanques. Se trataba de los ejércitos mecanizados más grandes del mundo, pero ni de lejos estaban a la altura de los ejércitos desplegados por las grandes potencias en las dos guerras mundiales del siglo XX. A diario, en los combates habrían podido muy bien acabar destruidos mil tanques y varios cientos de aviones, y ningún bando habría sido capaz de reponerlos con rapidez. El problema del desgaste ya hubiera sido máximo.

[Quizá hubo] un momento brevísimo de eliminación mutua en los equipos de primera línea, con lo que los ejércitos pasaron a depender de armas bastante sencillas –regresando a una fase anterior de la guerra–. Esto sucedió en 1914: todos los bandos habían ido a la guerra con material muy insuficiente para el nivel que adquirieron los enfrentamientos, y entonces hubo la famosa «pausa de invierno», que en parte fue para lamerse las heridas [...] y sobre todo para activar las fábricas de municiones. Como ahora el catálogo de armas es tan amplio, una pausa

> sería para la sustitución de casi todo: tanques, aviones, misiles, lanzamisiles, vehículos blindados de toda clase [...]
>
> Sir John Keegan, historiador militar

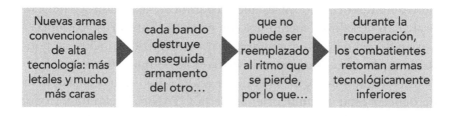

Como es lógico, todo lo anterior presupone que la guerra «convencional» dura bastante más que los seis días de Wintex'83.

A mediados de la década de 1980, la OTAN y el Pacto de Varsovia conjuntamente, con una población total de casi mil millones de personas, contaban con suficientes armas convencionales de primera línea para equipar a menos de diez millones de soldados: apenas el 1 % de su población. Cuando terminó la Guerra Fría, en 1988-1989, se produjo una rápida disminución del tamaño de los ejércitos, debido sobre todo a un brusco descenso en la percepción de la amenaza mutua mientras Rusia improvisaba cierta democracia. A partir de 1999, el regreso de Moscú a una autocracia con Vladimir Putin no dio lugar, sin embargo, a una reanudación de la carrera armamentística pese a los notables esfuerzos del complejo militar-industrial de uno y otro bando, pues Rusia, privada de sus países «satélite» y mucho más lejos de las zonas centrales de la Europa occidental, ya no era percibida por la opinión pública occidental como una amenaza militar inminente. Por otro lado, el avance de la OTAN hacia el Este podría ser interpretado como una amenaza por un líder ruso que buscara un pretexto para recuperar el antiguo imperio ruso-soviético, un argumento que le permitiría justificar un intento de volver a poner bajo el control de Moscú a algunos o a todos los países al oeste de Rusia. Y con el tiempo, esto ha llegado a cobrar la forma de una amenaza militar inminente.

En la década de 1990 hubiera sido impensable rechazar las peticiones de los países del antiguo Pacto de Varsovia para unirse a la

OTAN, ya que su temor ante un posible regreso del expansionismo ruso encontraba su razón de ser en un trauma reciente, mucho más que las obsesiones rusas comparables surgidas tras la conquista mongola (1237), las incursiones de esclavos musulmanes (la última incursión tártara en Moscú fue en 1769), o los enfrentamientos con Napoleón (1812) y con Hitler (1941). Todo el mundo anhela seguridad, pero a finales del siglo XX las nuevas democracias de Europa del Este acababan de salir de medio siglo de estricto control ruso-soviético, y tenían derecho a buscar garantías para su seguridad incluso aunque Rusia se estuviera comportando bien en aquel momento.

En términos de seguridad militar real, la discusión acerca de dónde debería estar el límite oriental de la OTAN es irrelevante, ya que nadie cree realmente que de producirse una confrontación entre la OTAN y Rusia, esta se acabara decidiendo mediante ejércitos de tanques avanzando a través de las estepas. Es difícil incluso imaginar cuál podría ser el propósito de una guerra así: Rusia no guarda ningún interés para Occidente que no pueda adquirirse más fácilmente pagando, y la idea de que los rusos puedan invadir países de la OTAN es inverosímil. Tal vez podría ser creíble en una una historia que comenzara con «Érase una vez...», pero ahora ya no.

A mediados de la década de 1980, la población total de los países miembros de la OTAN era de unos 675 millones de personas y la del Pacto de Varsovia de unos 390 millones, pero como casi la mitad de los ciudadanos de la OTAN estaban lejos, al otro lado del Atlántico, la verdadera amenaza para el otro bando consistía en la fuerza que tenían en suelo europeo. En 2020, el Pacto de Varsovia había desaparecido hacía tiempo y los antiguos satélites de la Europa oriental se habían incorporado a la OTAN. Incluso la Unión Soviética se había descompuesto en quince repúblicas, lo cual dejaba a 145 millones de rusos relativamente pobres frente a la alianza de la OTAN, que ahora utilizaba los recursos de 870 millones de personas. La proporción entre las poblaciones de la OTAN y el Pacto de Varsovia había sido en su día de 3/2; ahora la que hay entre la OTAN y Rusia se acerca más a 5/1. En cuanto a la riqueza, la relación es más o menos 15/1.

La ubicación de la frontera oriental de la OTAN y su distancia de Moscú son pistas falsas. Las fuerzas militares, relativamente escasas, dispuestas a ambos lados de las fronteras son simplemente trampas, y cualquier conflicto abierto entre la OTAN y Rusia derivaría rápidamente a nivel estratégico a un enfrentamiento nuclear (aunque confiamos en que no al uso real de armas nucleares). A ese nivel, realmente no importa dónde se basen los misiles, y ciertamente es poco probable que se ubicaran cerca de fronteras vulnerables. Pese a las tensiones recientes, sigue siendo difícil imaginar un escenario convincente para una guerra convencional a gran escala en el continente europeo hoy.

Los generales de Rusia y de la OTAN hacen lo que pueden para suscitar interés en las «amenazas» que ellos dicen ver, pero se les toma en serio solo en el ámbito estratégico, donde todavía hay una equivalencia aproximada entre las fuerzas de ambos bandos. Aún cabe imaginar choques limitados esporádicos, pero en la Europa actual es imposible concebir un escenario convincente para una guerra convencional a gran escala en la que todo el continente se viera afectado.

En el planeta solo hay dos lugares donde fuerzas militares muy numerosas y puestas al día siguen enfrentadas entre sí en una actitud manifiestamente hostil: las fronteras de la India con China y Pakistán, y la península de Corea. En estos casos también se dispone de armas nucleares. El estrecho de Taiwán, entre Taiwán y la República Popular China, es un tercer candidato potencial, pero de momento se queda en eso.

No hemos de olvidarnos de Oriente Medio, pero cuesta imaginar una «solución» militar al conflicto árabe-israelí. En el aspecto militar, Israel, la «superpotencia enana» de la región, jamás ha perdido una guerra contra los árabes. Además, los países árabes suníes, en concreto Arabia Saudí, cada vez más obsesionados con la «amenaza» del Irán chií, están empezando a considerar a Israel como un posible aliado más que como el enemigo perpetuo. No obstante, pese a la merecida fama de la región como sede de guerras frecuentes, inútiles e imposibles de ganar, es difícil creer que vaya a producirse una guerra convencional importante que involucre a todos los países chiíes (Irán, Irak, Siria y quizá Líbano) contra todos los países suníes (Egipto, Arabia Saudí, EAU y los países pequeños del Golfo), aparte de Israel y acaso Turquía. Sería como intentar poner orden en una jaula de grillos.

¿Por qué Israel gana todas las guerras?
Israel tiene acceso a las armas norteamericanas de última generación. Recibe de los Estados Unidos un enorme subsidio anual para su defensa.

Su población es más culta y más competente desde el punto de vista tecnológico, y está más acostumbrada a burocracias y jerarquías complejas.

Gracias a su sistema clásico europeo de movilización militar, Israel ha puesto en el campo de batalla a más soldados que sus bastante más poblados vecinos árabes en cuatro de sus cinco guerras «convencionales».

Disfruta de «líneas internas» de comunicación: puede desplazar tropas desde la frontera egipcia hasta las fronteras siria, jordana y libanesa prácticamente de un día para otro.

A diferencia de casi todos los países vecinos, Israel es una sociedad democrática y relativamente igualitaria, al menos para sus ciudadanos judíos. Esto fomenta la unidad y eleva la moral y la resiliencia ante la adversidad.

Durante los últimos sesenta años, ha tenido el monopolio de las armas nucleares en la región.

Aunque la mayoría de las guerras convencionales actuales tienen afortunadamente poco que ofrecer a los analistas militares en cuanto a nuevas lecciones tácticas o estratégicas, de vez en cuando se rompe esta norma. En la guerra entre Armenia y Azerbaiyán de 2020, drones TB2 Bayraktar lanzamisiles de fabricación turca y drones kamikaze de fabricación israelí destruyeron la mayor parte de la artillería y los tanques armenios, así como múltiples sistemas de lanzamiento de cohetes y de misiles tierra-aire, en solo seis semanas, a raíz de lo cual los armenios perdieron la guerra. A veces, una sola tecnología nueva puede tener un efecto decisivo cuando aparece de pronto en combate; si bien en cuanto los dos bandos del conflicto disponen de esta tecnología en cantidades suficientes y han asimilado las primeras lecciones tácticas sobre la mejor manera de desplegarla y utilizarla, los índices de pérdidas tienden a igualarse (aunque no disminuyen necesariamente).

A principios del siglo XXI, el mundo presenta un aspecto inusual. Las guerras transfronterizas entre ejércitos equipados al modo convencional, la esencia de la política internacional durante tantos siglos, prácticamente han desaparecido de las Américas, Oceanía y la mayor parte de Asia. En comparación con un pasado ciertamente terrible, en realidad la guerra tradicional «convencional» parece estar decayendo mientras que ha habido una edad de oro de la guerra de guerrillas y del terrorismo.

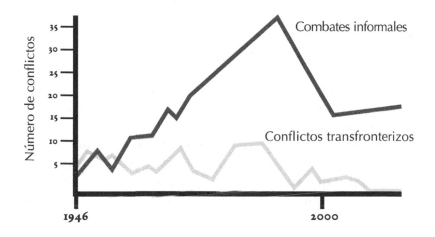

En todas partes y en ninguna parte

Los guerrilleros no son soldados, y en la época moderna por lo general no están al servicio de un Estado reconocido, aunque desde luego usan la fuerza con fines políticos: por tanto, lo suyo es la guerra, no la violencia aleatoria.

Dondequiera que llegáramos, desaparecían; cuando nos marchábamos, llegaban otra vez. Estaban en todas partes y en ninguna, no tenían un centro concreto que pudiera ser atacado.
                    Oficial francés que luchó contra la guerrilla
                                        española, 1810[5]

Como forma de resistencia contra la ocupación, la guerra de guerrillas adquirió importancia en las Guerras Napoleónicas, cuando tanto los españoles –que dieron a la técnica su nombre– como los alemanes libraron grandes campañas guerrilleras contra las fuerzas francesas de ocupación. Sin embargo, no se consideró una técnica militar potencialmente decisiva ni siquiera en la Segunda Guerra Mundial, cuando se utilizó mucho contra las fuerzas de ocupación alemanas y japonesas, sobre todo a falta de otra estrategia victoriosa.

Mientras las guerrillas se mantuvieran dispersas por las montañas, los bosques o las marismas y solo se permitieran incursiones relámpago, podían causarle a la potencia ocupante un número de bajas constante pero limitado. También podían llevar a cabo lo que hoy denominaríamos «atentados terroristas» en las ciudades, pero no eran capaces de desalojar al enemigo de los centros urbanos si no salían a la luz. Y si en algún momento luchaban contra las fuerzas ocupantes en combate abierto, el armamento pesado del enemigo las aplastaría.

Lo que cambió tras la Segunda Guerra Mundial fue que las técnicas guerrilleras rurales se extendieron por los imperios coloniales europeos. Al igual que en los países ocupados europeos en 1939-1945, en las colonias francesas, británicas, alemanas o portuguesas las guerrillas no tuvieron dificultades para movilizar a sus compatriotas campesinos en contra de los ocupantes extranjeros. Pero, al igual que en los países europeos ocupados, les resultaba imposible lograr una victoria militar decisiva contra las bien equipadas fuerzas regulares de la potencia imperialista en cuestión. En todo caso, la verdad es que las guerrillas no necesitaban ninguna victoria militar. Si conseguían que para la potencia militar saliera caro quedarse, y esta situación duraba lo suficiente, a la larga los colonialistas decidirían cortar por lo sano y regresar a casa.

En las dos décadas posteriores a 1945, este patrón se repitió muchas veces, por ejemplo, en Indonesia, Kenia, Argelia, Malasia, Chipre, Vietnam y Yemen del Sur. En la mayoría de los casos, quienes heredaron el poder fueron los propios líderes guerrilleros. Sukarno en Indonesia, Jomo Kenyatta en Kenia, el FLN en Argelia, etc. Tan pronto las potencias imperialistas europeas comprendieron por fin su fatal vulnerabilidad ante aquella técnica, el proceso de descolonización de las colonias restantes concluyó sin necesidad de ninguna guerra de guerrillas.

LA GUERRA DE GUERRILLAS SURTE EFECTO CUANDO...

... la potencia colonial se marcha, incapaz de asumir los costes de unos daños limitados pero constantes debidos a las ✱ acciones guerrilleras

✱ = Acción de la guerrilla

En aquel entonces, la aparentemente incontenible propagación de las guerras de guerrillas rurales provocó gran alarma y pesimismo en las principales potencias occidentales, pues la mayoría de los movimientos guerrilleros posteriores a 1945 seguían cierta versión de la ideología marxista preconizada por el gran rival internacional de Occidente, la Unión Soviética. En Occidente, esto dio origen a la idea de que lo que subyacía a esas guerras de guerrillas era el expansionismo soviético y/chino, no la hostilidad hacia el dominio extranjero.

De hecho, los dirigentes revolucionarios árabes, africanos y asiáticos de las décadas de 1950 y 1960 aprendieron su marxismo en Londres y París, no en Moscú. En 1965, el compromiso militar estadounidense a gran escala en Vietnam no se asumió solo por una razón equivocada –frenar el expansionismo soviético percibido actuando a través de los chinos– sino también en un momento inoportuno. En 1965, la ola de guerras de guerrillas en el Tercer Mundo estaba llegando a su final natural: aparte de Indochina, solo el África meridional y Yemen del Sur seguían siendo escenarios de campañas guerrilleras activas contra el dominio imperialista. Para ganar su guerra de guerrillas asiática, los Estados Unidos, guiados por su ideología, estaban dispuestos a gastar mucho más dinero y a sacrificar muchas más vidas (55.000) de lo que habían estado los europeos, pero para los vietnamitas la ecuación funcionó como había funcionado para todos los demás: solo tenían que aguantar el tiempo suficiente y no ceder y, en Norteamérica, la gente, con sus protestas contra el coste económico y las bajas, les daría la victoria. Esto sucedió en 1968, aunque la retirada definitiva de los EE. UU. no tuvo lugar hasta 1973.

Guerrilleros del Viet Cong cruzando un río en 1966

La antigua Unión Soviética era una autocracia donde había un control estricto de los medios de comunicación, pero en la década de 1980 fue también vulnerable en lo referente a las víctimas. Solo durante la intervención militar de diez años en Afganistán, murieron 15.000 soldados soviéticos, lo cual produjo en la opinión pública rusa efectos parecidos a los de Vietnam en los EE. UU., y en 1989 obligó a Moscú a sacar las tropas del país. De hecho, el comportamiento de Moscú en su intervención posterior a 2015 en la guerra civil de Siria puso de manifiesto una reticencia tan fuerte como la de Washington a sufrir pérdidas militares importantes.

La desaparición del marco colonial/antiimperialista, en el que en un principio prosperó la técnica de la guerrilla rural, ha reducido drásticamente su utilidad, pues casi nunca es efectiva frente a un gobierno de base local respaldado por el grupo étnico más poderoso. No hay ocupación extranjera que permita atraer seguidores, y las últimas jugadas que supusieron la victoria en las luchas anticolonialistas ya no son aplicables. Si el coste de una campaña contrainsurgente llega a ser demasiado elevado, un gobierno de base local no puede evitar más pérdidas «marchándose a casa». ¿Adónde iría? Los casos excepcionales de Eritrea y Sudán del Sur confirman la regla: en la mayoría de los países recién independizados, los grupos separatistas que luchan por la independencia no pueden desgastar la voluntad de un gobierno y un ejército con arraigo ciudadano.

LA GUERRILLA NO SURTE EFECTO CUANDO...

...existe un gobierno de base local que no puede «marcharse a casa»

las guerrillas no son capaces de conseguir una victoria militar decisiva

el conflicto no llega a resolverse

★ = Acción de la guerrilla

La única gran excepción a todas estas reglas fue la guerrilla rural de quince años –convertida a la larga en una guerra convencional a gran escala– tras la cual, en 1949, el Partido Comunista Chino arrebató finalmente el poder a los nacionalistas del Kuomintang.

China: la gran excepción

> En cada batalla, concentrad una fuerza netamente superior; rodead por completo las fuerzas enemigas, procurad aniquilar-los a todos y no dejéis que escapen de la red.
>
> Mao Tse-Tung, 1947[6]

Mao jamás dio esta orden en la década de 1930 o a principios de la de 1940, cuando estaba librando una campaña guerrillera clásica contra los invasores japoneses de China y el enemigo interno del Partido Comunista Chino, el gobernante Kuomintang (KTM). En vez de ello, siguió las reglas habituales de la guerra de guerrillas: tender emboscadas a pequeños grupos enemigos, pero nunca combatir abiertamente contra sus fuerzas principales. En 1947, sin embargo, los japoneses se rindieron y el KTM se tambaleaba. En solo dos años, el Ejército Popular de Liberación multiplicó por cuatro sus efectivos hasta llegar a la cifra de dos millones de hombres y salió a campo abierto a vencer a un corrupto, dividido e incompetente gobierno del KTM en una serie de duras batallas.

Mao Tse-Tung, en la década de 1930

Mao logró el Santo Grial de la guerra de guerrillas. Sin apoyos exteriores ni un resentimiento antiextranjero que lo ayudaran, convirtió a sus guerrilleros en un verdadero ejército que superó al del gobierno chino existente en combate abierto. Fue un logro extraordinario, y muchos otros grupos revolucionarios intentaron seguir su ejemplo. Pero solo dos tuvieron éxito: la pequeña banda de camaradas de Fidel Castro que en 1959 bajaron de Sierra Maestra y los sandinistas de Nicaragua en 1979. En ambos casos, las circunstancias diferían mucho de las de China bajo el dominio del Kuomintang. Los enemigos del Movimiento 26 de julio de Castro y los sandinistas eran gobiernos tan sumamente corruptos e incompetentes que a su lado incluso el KTM parece bueno, y ambos movimientos podían exhibir cierto prestigio moral patriótico sacando provecho de una postura antinorteamericana que en estos países era muy fuerte tras tantas intervenciones de los EE. UU.

Y eso es todo. Todavía hay movimientos guerrilleros rurales por las zonas más agrestes de algunos países del Tercer Mundo, pero tienen pocas posibilidades de éxito frente a gobiernos locales que pueden afirmar de forma creíble que el nacionalismo está de su lado. Si en algún momento deciden pasar de los asesinatos, los coches bomba y los ataques relámpago a operaciones más ambiciosas que incluyan unidades más amplias que luchen en combates abiertos, simplemente estarán dando al ejército gubernamental los objetivos que este estaba esperando. En la década de 1970, ya quedó claro que la guerra de guerrillas rural había dejado de ser una técnica revolucionaria prometedora.

Guerrilla urbana

Tras comprender esto, muchos revolucionarios latinoamericanos decepcionados se pasaron al terrorismo indiscriminado (mejor dicho, a la «guerrilla urbana», como se ha venido en llamar). La finalidad inicial de los creadores sudamericanos de esta doctrina, como los montoneros de Argentina, los tupamaros de Uruguay o revolucionarios brasileños como Carlos Marighella, era conseguir que los regímenes en sus países llevaran a cabo una represión extrema. Fue lo que los marxistas franceses llamaban *la politique du pire* (la estrategia de «cuanto peor, mejor»).

Mediante asesinatos, robos de bancos, secuestros y cosas parecidas, con la intención de causar el máximo apuro al gobierno, las guerrillas urbanas pretendían el derrocamiento de gobiernos democráticos y su sustitución por regímenes militares duros, o que los regímenes militares ya existentes tomaran medidas de seguridad aún más estrictas e impopulares. Si el régimen recurría a las operaciones antiterroristas, la tortura, las desapariciones y los escuadrones de la muerte, tanto mejor, toda vez que el objetivo era alejar a la población del gobierno.

> Hace falta convertir la crisis política en un conflicto armado llevando a cabo acciones violentas que obliguen a quienes están en el poder a transformar la situación política del país en una situación militar. Esto pondrá en su contra a las masas, que de ahí en adelante se rebelarán contra el ejército y la policía, a quienes culparán de este estado de las cosas.
>
> Carlos Marighella, *Mini-Manual of the Urban Guerrilla*[7]

Pues vaya, resulta que la guerrilla urbana tenía el mismo defecto fatal que la guerrilla rural a finales de la época colonial: no contaba con una buena estrategia final. Según la teoría, cuando las guerrillas consiguieran que el régimen ejerciera una represión brutal, el pueblo se levantaría y acabaría con sus opresores. Pero, ¿cuándo iba a realizar el pueblo esta proeza? Desde el siglo XIX no ha triunfado casi ninguna revuelta urbana.

En varios países latinoamericanos, las guerrillas urbanas llevaron a cabo el primer paso de su estrategia: la creación de regímenes militares de lo más repugnante dedicados a destruirlas. Y esos gobiernos procedieron a hacer precisamente esto. En cada país latinoamericano donde se intentó *la politique du pire* ('cuanto peor, mejor', la mayoría de los guerrilleros urbanos acabaron muertos o exiliados.

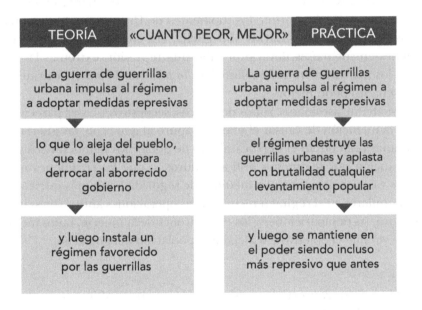

Los débiles, e incluso más ingenuos, ecos de esas estrategias terroristas latinoamericanas fueron unos movimientos terroristas muy poco serios que prosperaron en la Europa occidental y Norteamérica en las décadas de 1970 y 1980. Su principal gurú ideológico era el profesor germano-estadounidense Herbert Marcuse, que escribía sobre la necesidad de «desenmascarar la tolerancia represiva de la burguesía liberal» mediante actos de violencia creativa que la obligaran a despojarse de sus disfraces liberales y a mostrar su auténtica naturaleza autoritaria. Era un terrorismo de diseño, que tenía que ver

tanto con la «actitud» como con la política real, y aunque mató a varios centenares de personas y generó cientos de miles de titulares, jamás amenazó a ningún gobierno en ninguna parte. Leonard Cohen captó la ingenuidad y el narcisismo de las guerrillas urbanas del mundo desarrollado en su sarcástica canción *First we take Manhattan* (*Primero tomaremos Manhattan*).

Cartel de la película *The Baader Meinhof Complex*

Me guía una señal en el cielo,
me guía esta marca de nacimiento en la piel,
me guía la belleza de nuestras armas.
Primero tomaremos Manhattan, después tomaremos Berlín.
Leonard Cohen, *First we take Manhattan*

Si la banda Baader-Meinhof de Alemania, las Brigadas Rojas de Italia, el Ejército Simbiótico de Liberación y los Weathermen de los EE. UU., el Ejército Rojo Japonés y todos los demás tuvieron alguna influencia en los acontecimientos, fue principalmente la de convertirse en los malos útiles para los gobiernos de derecha que pretendían de esta manera denigrar a sus legítimos adversarios de la izquierda. Las guerrillas urbanas nacionalistas que se basaban en una minoría étnica o religiosa, como el Ejército Republicano Irlandés Provisional (IRA) en Irlanda del Norte o Euskadi ta Askatasuna (ETA) en las provincias vascas españolas, pusieron de manifiesto una mayor capacidad de permanencia, si bien ambas acabaron llegando a acuerdos de paz con los gobiernos contra los que habían combatido.

Sin embargo, dos grupos terroristas sí encontraron la manera de influir en los acontecimientos: ambos dejaron su sello en diversas operaciones internacionales, ambos tenían fines políticos que no requerían el derrocamiento de gobiernos concretos y ambos eran árabes.

Palestina

La Organización para la Liberación de Palestina (OLP) fue fundada por Yasir Arafat en 1964 con el fin de coordinar una estrategia común entre los grupos armados que se formaban en los campos de refugiados, donde vivían muchísimos palestinos. Arafat atinó en especial al darse cuenta de que, aunque estos grupos no tenían ninguna posibilidad de derrotar a Israel y recuperar sus casas mediante ataques directos, quizá su energía podía obtener resultados si se canalizaba hacia un objetivo diferente.

Arafat y sus compañeros captaron la importancia de sustituir el nombre de «refugiados» por el de «palestinos». Mientras los no-árabes (e incluso algunos árabes) los considerasen simplemente «refugiados árabes» de forma genérica, en teoría podían ser reasentados en cualquier lugar del mundo árabe. La única esperanza que tenían de regresar algún día a casa pasaba por convencer a la opinión pública de que existía una identidad «palestina», pues llamarles por ese nombre equivalía a aceptar implícitamente que tenían legítimo derecho a la tierra de Palestina.

¿Qué clase de campaña podría convencer al mundo de que eran realmente palestinos? Una campaña publicitaria normal no, desde luego, pero si llevas a cabo actos violentos impactantes, los medios de comunicación han de informar sobre los mismos, y para explicarlos han de hablar de los palestinos. En septiembre de 1970, varios guerrilleros de la OLP secuestraron al mismo tiempo cuatro aviones comerciales, los llevaron a un aeródromo del desierto de Jordania, y los destruyeron ante las cámaras de televisión de todo el mundo después de haber hecho bajar a todos los pasajeros. Otros ataques posteriores de la OLP costaron muchas vidas, pero se trataba de un terrorismo internacional con un objetivo racional y factible: no se trataba de doblegar a Israel sino de presionar al mundo para que aceptara la existencia de un pueblo palestino que quería participar de forma activa en la creación de su destino.

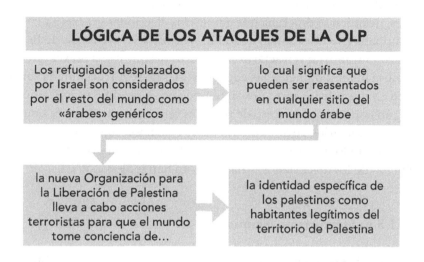

LÓGICA DE LOS ATAQUES DE LA OLP

Los refugiados desplazados por Israel son considerados por el resto del mundo como «árabes» genéricos → lo cual significa que pueden ser reasentados en cualquier sitio del mundo árabe

la nueva Organización para la Liberación de Palestina lleva a cabo acciones terroristas para que el mundo tome conciencia de... → la identidad específica de los palestinos como habitantes legítimos del territorio de Palestina

Tan pronto se alcanzó ese objetivo a finales de la década de 1980, la OLP suspendió la actividad terrorista (aunque algunos grupos disidentes discrepantes siguieron cometiendo por su cuenta atentados inútiles). Durante la década siguiente, la OLP tuvo como objetivo una paz negociada con Israel, proceso cuyo punto culminante fue la firma de los Acuerdos de Oslo en Washington en 1993. No obstante, Arafat y su socio negociador clave, el primer ministro israelí Isaac Rabin, se encontraron con que su libertad de acción estaba cada vez más limitada en sus bandos respectivos por fuerzas «refractarias», contrarias a aceptar ciertas concesiones respecto al territorio y al derecho de los refugiados a volver, necesarias ambas para el acuerdo de paz.

Después de que en 1995 Rabin fuera asesinado por un extremista judío de extrema derecha, se reanudaron los atentados terroristas palestinos, esta vez en el propio Israel y en plena campaña electoral. Los autores de estos ataques no eran de la OLP, sino del emergente movimiento islamista que rechazaba cualquier pacto que contemplara la creación de un Estado palestino solo en una pequeña parte del antiguo Mandato Británico de Palestina. Se trataba de otras operaciones terroristas con un objetivo racional y factible: desbaratar la estrategia de los «dos Estados» de Arafat.

La campaña de atentados de Hamás y la Yihad Islámica, que se producían sobre todo en autobuses para causar muchas víctimas judías, pretendía alejar a los votantes israelíes del sucesor de Rabin, Simón Peres, de quien se esperaba que ganara las elecciones gracias a un voto de simpatía tras el asesinato de Rabin, y lanzarlos a los brazos de Benjamín Netanyahu, un refractario encubierto del que cabía prever que paralizaría indefinidamente las negociaciones de paz. La campaña surtió efecto, y durante los tres años siguientes no se produjo prácticamente ningún avance en el proceso de paz. Y la verdad es que después tampoco: los refractarios de ambos bandos son «aliados objetivos», como los describirían los marxistas, cuya finalidad compartida es obstaculizar la solución de los dos Estados; y hasta ahora han tenido éxito.

El 11-S y el terrorismo islamista

Aunque el terrorismo sigue siendo incapaz de derrocar gobiernos directamente, ha aumentado su capacidad para lograr objetivos políticos menos ambiciosos. Un ejemplo de ello, estremecedor pero muy efectivo, son los atentados que Al Qaeda llevó a cabo contra los Estados Unidos el 11 de septiembre de 2001.

Avión secuestrado que se estrella contra el World Trade Centre,
11 de septiembre de 2001

El proyecto islamista que dio vida a Al Qaeda, Estado Islámico y sus diversos clones y filiales parte de la idea de que la lamentable situación actual de los países musulmanes se debe al hecho de que se han medio occidentalizado y son menos estrictos en su observancia del islam; y de que esta situación solo cambiará cuando los musulmanes vivan su fe como Dios quiere efectivamente que sea vivida –mejor dicho, conforme a una interpretación un tanto extremista de los islamistas sobre cuáles pueden ser los deseos de Dios.

Sobre estos cimientos se crea un proyecto en dos fases para cambiar el mundo. En la fase uno, hay que derrocar todos los gobiernos de los países musulmanes para que los ocupen los islamistas, que se valdrán del poder del Estado para que los musulmanes regresen a la manera correcta de creer y comportarse. Después Dios los ayudará a unir la totalidad del mundo musulmán en un único Estado transfronterizo que luchará contra Occidente y acabará con su dominio. En las formulaciones más extremas, todo esto culmina en la conversión de todo el mundo al islam.

Son relativamente pocos los musulmanes que hacen suyo este análisis, no digamos ya respaldar el proyecto, pero en el mundo árabe son más que en otros sitios porque es en estos países donde más fuertes son la rabia y la desesperación ante la situación actual. Como consecuencia de ello, los grupos islámicos revolucionarios llevan al menos tres décadas muy activos en la mayoría de los países árabes más importantes. Para alcanzar su primer objetivo de derrocar al gobierno y tomar el poder, suelen recurrir al terrorismo. No es de extrañar que no hayan conseguido el poder en ninguna parte; si el terrorismo no les sirvió a los tupamaros ni a la banda Baader-Meinhof, no había motivos para pensar que sí les funcionaría a los islamistas.

Dejando aparte un golpe militar (un método improbable para que los islamistas lleguen al poder), se *puede* derribar a un gobierno con un millón de personas en la calle, pero primero hay que hacer salir a ese millón de casa, y en el caso de los islamistas esto no ha pasado. La mayoría de la gente detesta o no confía en los islamistas lo suficiente para arriesgar su vida con el fin de llevarlos al poder. En ciertos países, el resultado ha sido un sangriento punto muerto entre islamistas y gobiernos, con casi todo el mundo situándose al margen de la pelea y abominando de ambos bandos. Este callejón sin salida ya quedó muy claro a principios de la década de 1990, cuando Osama bin Laden fundó Al Qaeda en Afganistán.

> Todas las naciones de los infieles se han unido contra los musulmanes [...] Esta es una batalla nueva, una gran batalla, semejante a las grandes batallas del islam, como la conquista de Jerusalén [...] Con la excusa de la lucha antiterrorista los norteamericanos vienen a luchar contra el islam.
>
> Osama bin Laden, octubre de 2002

La estrategia de Al Qaeda no era atacar a los gobiernos árabes, sino a Occidente sin más. No obstante, hemos de suponer que el verdadero propósito de Al Qaeda y sus diversos rivales y sucesores islamistas es provocar revoluciones que lleven a los islamistas al poder en los países árabes y otros países musulmanes, y de este modo reconducir a la gente hacia el camino verdadero de la práctica islámica. El ataque directo a Occidente, ¿cómo ayudaría a avanzar en el camino de estas revoluciones?

Los terroristas nunca anuncian sus verdaderas estrategias, pero casi seguro que la de Al Qaeda era de nuevo la *politique du pire*, esta vez en un escenario internacional. Solo un iluso creería que un atentado terrorista contra los Estados Unidos con el resultado de tres mil muertos empujaría al gobierno norteamericano a abandonar a sus Estados cliente del mundo musulmán. Cualquier persona sensata sabría que la reacción de Washington iba a ser una o varias incursiones armadas en territorio islámico con el propósito de acabar con las raíces del terrorismo.

Bin Laden y sus socios no eran ignorantes ni estúpidos. Su verdadera estrategia era embaucar a los Estados Unidos para que marcharan sobre el mundo musulmán con grandes ejércitos, confiando en que las acciones norteamericanas echarían a muchos musulmanes en brazos de las organizaciones islamistas locales. A continuación, se producirían las ansiadas revueltas contra los gobiernos prooccidentales y los islamistas tomarían el poder.

Si esa era la finalidad estratégica de los ataques del 11 de septiembre de Al Qaeda en Nueva York y Washington, hemos de admitir que

Bin Laden ha logrado sacarle a su inversión una gran rentabilidad: en el espacio de veinte meses, los Estados Unidos invadieron y ocuparon dos países musulmanes con una población total de cincuenta millones de personas. Las imágenes que acompañaron estas invasiones originaron un gran malestar y humillación entre los musulmanes, sobre todo del mundo árabe, y las inevitables brutalidades y errores de la posterior ocupación de Afganistán e Irak provocaron un flujo constante de más imágenes similares. Debido a la indignación resultante, millones de musulmanes, especialmente en el mundo árabe, acabaron incorporados a organizaciones revolucionarias islamistas, pese a lo cual los islamistas extremistas aún no han llegado al poder en ningún país musulmán, con la excepción del efímero «Estado Islámico».

La pérdida de las bases de Al Qaeda en Afganistán fue un fastidio para la organización pero no un desastre, pues ya era una red muy descentralizada con escasas necesidades logísticas. A finales de 2001, para los Estados Unidos lo lógico habría sido pasar del modelo militar a las operaciones antiterroristas más tradicionales: los terroristas son civiles, no un ejército, y los instrumentos apropiados para enfrentarse a ellos suelen ser fuerzas policiales, recogida de información y medidas de seguridad, no brigadas de blindados. Los planificadores de Al Qaeda no podían prever que los Estados Unidos, en lugar de concentrarse en el terrorismo, invadirían Irak además de Afganistán, pero fue esta metedura de pata lo que permitió la creación del Estado Islámico, muchos de cuyos fundadores se habían juntado en cárceles dirigidas por los norteamericanos, como la de Camp Bucca, en el sur del país.

¿Cuán preocupante podía llegar a ser la «amenaza terrorista internacional»? Hasta ahora, Al Qaeda ha estado funcionando en el mismo universo tecnológico que explotó la OLP hace cincuenta años (aunque con objetivos políticos radicalmente distintos). Descubrió un nuevo uso de los aviones secuestrados entrenando a terroristas suicidas para que se convirtieran en pilotos, pero al parecer no hay muchas técnicas desconocidas por ahí a la espera de ser probadas. Hasta el momento de escribir esto, todos los ataques de Al Qaeda han sido exclusivamente tiroteos masivos y atentados convencionales de baja tecnología que han provocado a lo sumo unos dos centenares de muertos y por lo general solo unos cuantos. Como son cada vez más habituales los ataques de los «lobos solitarios», llevados a cabo por individuos cuyo único contacto con Al Qaeda y gente de esa índole son las visitas a sus página web, es más difícil detenerlos, pero sus acciones también suelen ocasionar menos víctimas.

Cuando ha quedado demostrado que incluso invasiones occidentales de países musulmanes a gran escala no echan a suficientes musulmanes en brazos de los revolucionarios islamistas, ¿qué finalidad estratégica tienen los ataques terroristas? No se nos ocurre ninguna: estas actividades, aunque en otro tiempo tuvieran una lógica estratégica coherente, ahora son vanas e inútiles. ¿Por qué siguen llevándolas a cabo los activistas islamistas? Por fervor ideológico u odio a los infieles; porque da sentido a su vida; porque no tienen nada mejor que hacer. Sin duda, el terrorismo islamista continuará mucho más allá de su fecha de caducidad, pero al final el cambio generacional acabará con él.

Tampoco el terrorismo con las denominadas «armas de destrucción masiva» alcanzará el nivel de amenaza existencial. En 1995, la secta japonesa Aum Shinrikyo (Verdad Suprema) consiguió soltar gas nervioso del tipo sarín en el metro de Tokio; murieron solo doce personas. El problema práctico de los agentes tanto químicos como biológicos es la dispersión; los terroristas obtendrían mejores resultados con menos esfuerzo mediante bombas de metralla.

Un arma nuclear en manos de terroristas sería un problema mucho más preocupante, aunque una única explosión nuclear sería un desastre local de una magnitud equivalente a la de la erupción del volcán Krakatoa en 1883 o a la del terremoto de Tokio de 1923. Como es lógico, debemos esforzarnos por evitarlo, pero es de todo punto imposible que incluso una detonación nuclear en alguna ciudad desdichada impulse un día al mundo a hacer lo que quieren los terroristas –y lo que casi siempre quieren es una reacción excesiva. El terrorismo es una especie de *jiu-jitsu* político en el que unos grupos pequeños y débiles se valen de las moderadas cantidades de fuerza a su disposición para engañar a sus mucho más fuertes adversarios –por lo general, Estados– e inducirlos a responder de maneras contraproducentes para su propia causa –lo que favorecería, por tanto, la de los terroristas.

El mundo vivió cuarenta años con la amenaza diaria de un holocausto nuclear global capaz de destruir cientos de ciudades y cientos de millones de vidas de un plumazo. También puede vivir con la posibilidad remota de que un día un grupo terrorista se haga con un arma nuclear y provoque estragos en una ciudad concreta. La clave está en no sufrir ataques de pánico ni perder la paciencia.

> Me temo que el terrorismo no empezó el 11S y que durará mucho tiempo. Me sorprendió mucho el anuncio de una guerra contra el terrorismo, pues el terrorismo lleva treinta y cinco años con nosotros [...] [y] seguirá estando ahí mientras haya personas agraviadas. Podemos hacer cosas para mejorar la situación, pero siempre habrá terrorismo. Estamos induciendo a error hablando de guerra, como si de algún modo pudiéramos derrotarlo.
>
> Stella Rimington, antigua directora general del MI5,
> septiembre de 2002[8]

El final de la guerra

El camino de vuelta

> La buena noticia para nosotros los humanos es que al parecer las condiciones de paz, una vez establecidas, se pueden mantener. Si pueden hacerlo los babuinos, ¿por qué no nosotros?
>
> Frans de Waal, Centro de Primates Yerkes,
> Universidad de Emory

El babuino y el neurocientífico Robert Sapolsky

Hace unos treinta años, los babuinos de la Forest Troop [Tropa del Bosque] de Kenia sufrieron un desastre. Los machos más duros del grupo solían buscar comida en un vertedero cercano a un centro turístico. Un día, todos comieron carne infectada de tuberculosis bovina y murieron enseguida, por lo que quedaron solo los machos menos agresivos –que evitaban el vertedero porque allí solía haber peleas con otra banda de babuinos–. Y aquello cambió toda la cultura de la Forest Troop.

Cuando el neurocientífico Robert Sapolsky estudió por primera vez la Forest Troop, en 1979-1982, esta era una sociedad de babuinos típica, sumamente feroz. Por lo general, los babuinos macho tienen tal obsesión con su estatus que saltan a la mínima con gran agresividad –y esta no va dirigida solo a los rivales masculinos de igual condición. Por rutina, los machos de rango inferior son intimidados y atemorizados, e incluso son atacadas con frecuencia las hembras (que pesan la mitad que los machos). Sin embargo, tras la mortandad entre los más feroces, los supervivientes se relajaron y empezaron a tratarse unos a otros con más amabilidad.

Los machos siguen peleándose con otros machos de igual jerarquía, pero no pegan a los inferiores sociales ni atacan nunca a las hembras. Todos pasan mucho más tiempo acicalándose, acurrucándose unos con otros y practicando otras conductas sociales amistosas, de modo que los niveles de estrés incluso de los individuos de rango inferior (medidos en muestras de hormonas) son muy inferiores a los de otras tropas de babuinos. Pero lo más importante es que estos nuevos comportamientos han arraigado en la cultura del grupo.

Como los babuinos macho no suelen vivir más de dieciocho años, a estas alturas los supervivientes de estatus bajo del desastre original han muerto todos. Y como los babuinos macho deben abandonar su tropa de nacimiento e incorporarse a otra distinta, el abanico de personalidades masculinas en la Forest Troop habrá vuelto a la distribución normal, desde los alfa más dominadores hasta los machos tímidos y dóciles que normalmente no tienen ninguna posibilidad de éxito. Y, sin embargo, la conducta del grupo no ha vuelto a ser la habitual de los babuinos: los grados de agresividad se mantienen relativamente bajos y escasean los ataques aleatorios contra los inferiores sociales y las hembras.[1]

Desde el punto de vista cultural, nosotros los primates somos muy maleables y adaptativos; ni siquiera los babuinos están maniatados por sus genes a las normas brutalmente agresivas de la sociedad babuina. En la actualidad, los seres humanos vivimos cómodos en pseudobandas denominadas «naciones», que son más de diez millones de veces más numerosas que las bandas en las que vivieron nuestros antepasados hasta la llegada de la civilización. Pasamos de la tiranía del rey-mono a la igualdad de la época de los cazadores-recolectores, y luego, a medida que evolucionó la civilización, volvimos a las jerarquías militarizadas, y ahora hemos regresado a una forma muy modificada de igualitarismo. Si se dan los alicientes adecuados, no ha de ser imposible alejarnos de la guerra. Y alicientes no han faltado, desde luego.

Vacaciones de la historia

> Es más cierto de la Primera Guerra Mundial que de la Segunda o la Tercera, que si la gente hubiera sabido lo que iba a pasar, no habría habido contienda. Sobre la Segunda Guerra Mundial [...] se sabía más, y se aceptó. Y acerca de la Tercera, qué pena, en cierto modo se sabe todo, se sabe que sucederá, y no se hace nada. No acabo de entenderlo.
>
> A. J. P. Taylor, autor de *The Origins of the Second World War*

Cuando Alan Taylor hablaba así, en 1982, recordaba mucho a una generación que se había pasado la vida esperando que empezara la Tercera Guerra Mundial. Entonces el desmoronamiento de la Unión Soviética y el final de la Guerra Fría habían convencido a mucha gente de que la Tercera Guerra Mundial no estallaría nunca, como si no hubiera causas sistémicas y los únicos culpables de que hubiera podido estallar hubieran sido los malvados soviéticos. A la siguiente generación lo único que le preocupaban eran los brotes de limpiezas étnicas y los ocasionales ataques terroristas. Las pequeñas guerras que de vez en cuando seguían librándose no amenazaban realmente a los países desarrollados y estos podían decidir si intervenir en ellas o no según les dictara el estado de ánimo moral del momento. Ahora, sin embargo, ha vuelto el miedo a la guerra nuclear, al menos provisionalmente, y una nueva generación está aprendiendo el vocabulario de la estrategia de disuasión. Pero, en general, solo las personas que trabajan dentro del sistema internacional o lo estudian (diplomáticos y soldados profesionales, algunos estadistas y algunos historiadores) entienden que fue la estructura del sistema mismo la que produjo el ciclo de los conflictos entre las grandes potencias que ahora llamamos guerras mundiales.

No hemos desperdiciado del todo la época relativamente pacífica que heredamos tras el final de la Guerra Fría. La campaña de la

ONU de 1991 liderada por los EE. UU. para expulsar a los ocupantes iraquíes de Kuwait fue la primera vez que se hacían cumplir mediante intervención militar las reglas de la ONU contra una agresión desde la Guerra de Corea, cuarenta años antes. En la década de 1990, se saltaron varias veces las reglas de la ONU protectoras de la soberanía de países independientes para impedir genocidios mediante intervenciones militares (aunque el peor caso, Ruanda/este del Congo, fue pasado por alto). Sin embargo, poco se hizo para incrementar la autoridad del Consejo de Seguridad o afianzar el hábito del multilateralismo, pues la corriente unilateralista era muy sólida en los Estados Unidos, a la sazón la única superpotencia global.

Tras el aparente triunfo de los Estados Unidos en la Guerra Fría cabía esperar cierta arrogancia; incluso antes, la glorificación del poder militar nacional formaba parte de la cultura política de Washington. En 2001, arrogancia y militarismo se fusionaron en un proyecto para la hegemonía norteamericana habitualmente denominado «pax americana», cuyos defensores neoconservadores acabaron controlando la política militar y exterior de los EE. UU. bajo la presidencia de George W. Bush. La Administración Bush emprendió un ataque implacable contra las instituciones multilaterales: abandonó el Tratado sobre Misiles Antibalísticos, intentó sabotear el Tribunal Penal Internacional, rechazó enmiendas para volver más aplicables los acuerdos contra el uso de armas químicas y biológicas, y utilizó los atentados terroristas del 11 de septiembre de 2001 como pretexto para la invasión de Irak en 2003, lo que también constituyó un ataque deliberado contra la autoridad del Consejo de Seguridad.

A finales del segundo mandato de Bush, en 2008, habían desaparecido los avances de la década de 1990, sobre todo en cuanto a la confianza mutua entre las grandes potencias. La llegada del presidente Trump en 2017 conllevó nuevas agresiones contra las instituciones multilaterales, y aunque el presidente Biden supone sin duda una mejora, el «consenso de Washington» sobre política exterior que en otro tiempo encarnaba Biden no es muy adecuado para el futuro que probablemente nos aguarda. Las vacaciones de la historia tal vez se estén acabando.

Tres grandes cambios

Hay en marcha tres grandes cambios que podrían llevar al sistema internacional de nuevo hacia el viejo desorden: el calentamiento global, el ascenso de nuevas potencias y la proliferación nuclear. El destartalado sistema que diseñamos para mantener la paz se verá sometido a una fuerte tensión.

El aumento de la temperatura global tendrá efectos desastrosos en la producción alimentaria de los países tropicales y subtropicales al menos una generación antes de que se noten impactos similares en los países ricos de las latitudes templadas. En consecuencia, habrá hambrunas en las zonas más próximas al ecuador y oleadas de millones de refugiados desesperados dispuestos a entrar en los países desarrollados. Las fronteras se cerrarán a cal y canto, desde luego, pero la única manera de mantenerlas cerradas frente a tal número de personas quizá sea matando de forma «ejemplar» a los que traten de entrar. El resultado neto seguramente sea un deterioro generalizado de la cooperación internacional (incluyendo la cooperación para afrontar al cambio climático), pues será difícil llegar a acuerdos y compromisos entre gobiernos cuando en un país se asesina a los ciudadanos de otro.

Al mismo tiempo, el sistema internacional intentará adaptarse al ascenso de potencias nuevas y al relativo declive de la mayoría de las existentes. En el mundo de 2040, la condición para acceder a la categoría de superpotencia será de lo más simple: ser un país de escala subcontinental con una población cercana o superior a quinientos millones de habitantes. Solo tres candidatos reúnen los requisitos: los EE. UU., China y la India. La alborotada multitud de nuevas y viejas potencias menores del montón acaso provoque cierta agitación, pero lo que realmente puede hacer derrapar al sistema es un cambio en las posiciones de arriba. En el pasado, la guerra fue el método normal mediante el cual el sistema internacional se ajustaba para dar cabida a las exigencias de las potencias emergentes a costa de las declinantes, pero nadie quiere volver a eso de nuevo con las armas del siglo XXI.

Por último, las armas nucleares están multiplicándose. Entre 1945 y 1964, los «cinco miembros permanentes» del Consejo de Seguridad de la ONU –los Estados Unidos, la Unión Soviética, Reino

Unido, Francia y China– hicieron sus primeras pruebas nucleares, y otro país, Israel, las desarrolló en secreto sin hacer públicos sus ensayos. No surgieron otras potencias nucleares hasta pasado un tiempo.

Exhibición de misiles balísticos norcoreanos para ser lanzados desde submarinos, Pyongyang, 15 de abril de 2017

En varios momentos de finales de las décadas de 1970 y de 1980, Argentina, Brasil, Sudáfrica, Irak, Irán y Corea del Norte iniciaron proyectos para desarrollar armas nucleares, pero solo uno, el de Corea del Norte, se tradujo en una verdadera fuerza disuasoria. Como los norcoreanos comprenden claramente el concepto de disuasión, y en concreto que la capacidad para lanzar una o dos armas nucleares sobre ciudades norteamericanas basta para protegerlos de un ataque estadounidense, su fuerza probablemente seguirá siendo pequeña y a la larga acaso sea aceptada por Washington como no amenazante. Por desgracia, la India y Pakistán se hallan en una situación distinta.

La India llevó a cabo su primera «explosión nuclear pacífica» en 1974, en principio para proyectos de ingeniería civil, pero la verdad es que pretendía crear una fuerza disuasoria frente a las armas nucleares chinas (en 1962, los dos países libraron una breve guerra fronteriza). Entretanto, Pakistán, tras haber perdido tres guerras contra la India en el cuarto de siglo precedente, se sintió obligado a ponerse a la altura y puso en marcha en secreto su propio proyecto nuclear. La rivalidad culminó en 1998, cuando primero la India y después Pakistán realizaron públicamente pruebas con seis armas nucleares. En la actualidad, los dos países están en la fase «o las usas o las pierdes» de la carrera armamentística nuclear (también conocida como «dispara en caso de señal de peligro»), donde las armas relativamente desprotegidas de ambos bandos (en torno a 150 ojivas cada uno) son vulnerables ante un primer ataque sorpresa que las destruiría casi todas. Por otra parte, el tiempo de alerta de un ataque inminente podría ser apenas de cuatro minutos, no los más de quince con que contaban norteamericanos y soviéticos en los momentos álgidos de la Guerra Fría. Si los dos países ya están en una guerra abierta (como lo han estado tres veces en el último medio siglo), y las pantallas se iluminan con trayectorias de misiles que se acercan, no hay mucho tiempo para decidir si lo que se ve en las pantallas es de verdad. Para la India y Pakistán ya sería nefasto un enfrentamiento nuclear sin cuartel, pero si una proporción considerable de estas armas se utilizaran sobre ciudades, y provocaran quizá un centenar de tormentas de fuego simultáneas, podríamos encontrarnos *todos* a las puertas de un invierno nuclear global.

> La decisión de la India, en agosto de 2019, de despojar a Cachemira de su estatus especial tendrá consecuencias [...] Si empieza una guerra convencional, puede pasar cualquier cosa. Combatiremos, y cuando un país provisto de armas nucleares lucha hasta el final, esto tiene consecuencias más allá de sus fronteras. Tendrá consecuencias para el mundo entero.
> Primer ministro de Pakistán Imran Khan en la Asamblea General de la ONU, 27 de septiembre de 2019[2]

Los datos mundiales sobre proliferación nuclear de los últimos cuarenta años no son tan malos: solo tres países más han adquirido armas nucleares, lo que hace un total de nueve. El «cortafuegos» que comenzamos a crear después de Hiroshima, en 1945, contra el uso real de las armas nucleares ha durado tres cuartos de siglo. Sin embargo, para llegar al final de este siglo sin que ocurra la catástrofe de primera magnitud de una guerra nuclear global harán falta habilidad y mucha suerte.

CAMBIO CLIMÁTICO

Hambruna

Refugiados e inmigrantes

Mano dura con la inmigración

Desmoronamiento de las relaciones internacionales

SUPERPOTENCIAS CAMBIANTES

Nuevo trío de potencias subcontinentales susceptibles de llegar a lo más alto: China, EE.UU., India

Mientras las potencias en declive del siglo xx compiten por tomar posiciones

PROLIFERACIÓN NUCLEAR

Nueve países (y subiendo) tienen ojivas nucleares

Aumenta el número de focos de tensión, como el de la India y Pakistán

Los mecanismos de seguridad global quizá no sean efectivos

AMENAZA DE GUERRA

Coopera o te vas a enterar

Es absurdo soñar que pasaremos directamente al País de Nunca Jamás con un gobierno mundial y una hermandad universal. El problema de la guerra lo tendremos que resolver en el marco del sistema actual de países. En la práctica, esto significa preservar y ampliar el sistema multilateral que hemos estado construyendo (con muchos errores e interrupciones) desde la Segunda Guerra Mundial. Las potencias emergentes deben ser absorbidas en un sistema que haga hincapié en la cooperación y les dé cabida, no en uno basado en el enfrentamiento y la fuerza bruta militar.

Esto es exactamente lo que llevamos varias generaciones intentando conseguir, aunque con escaso éxito. En cualquier caso, durante ese período nadie ha propuesto ninguna idea más convincente, lo cual da a entender que el camino no es fácil.

La situación de anarquía internacional que empujó a todos los países a prepararse para la guerra tuvo un remedio obvio que surgió casi de forma espontánea en 1918, tras la primera guerra total. Lo que hacía falta era una soberanía mancomunada, al menos en cuestiones relativas a la guerra y la paz, constituida por todos los países del mundo; y los vencedores de la Primera Guerra Mundial enseguida crearon la Sociedad de las Naciones. Pero el problema está en los detalles: en principio, la idea de que los países del mundo se unan para frenar o castigar cualquier agresión de algún país aventurero está bien, pero ¿quién identifica al agresor y quién pone el dinero y las vidas necesarias para hacerle frente?

Cada miembro de la Sociedad de las Naciones sabía asimismo que, si la organización llegaba a adquirir verdadera autoridad, podía acabar siendo utilizada en su contra, por lo que ningún gobierno importante estaba dispuesto a que tuviera mucho poder real. Como la Segunda Guerra Mundial tuvo un alto coste en vidas y dinero, en 1945 los vencedores hicieron un segundo intento por crear una organización internacional verdaderamente capaz de impedir las guerras. Los vencedores de la Segunda Guerra Mundial eran personas con miedo. Cuando en 1945 se sentaron a negociar la Carta de las Naciones Unidas en San Francisco, llegaron a declarar la guerra ilegal. La nueva Carta de la ONU prohibía el uso de la fuerza contra otro país salvo si era estrictamente en defensa propia o en cumplimiento de órdenes del Consejo de Seguridad –órdenes que se dictaban solo para impedir que un país atacara a otro miembro de la ONU. Resumiendo, mediante un salto imponente pasábamos de los viejos tiempos a un nuevo mundo basado en el derecho y leyes donde se prohibía la guerra.

Aunque no exactamente. Todo el mundo entendió que la creación de las Naciones Unidas era el lanzamiento de un proyecto de cien años. Los supervivientes de la peor guerra de la historia no eran nada ingenuos con respecto a lo que querían hacer. Prueba de ello es el brutal realismo de las normas aprobadas.

Los tratados internacionales pretenden que todos los Estados soberanos sean iguales. La Carta de la ONU no: concede a las grandes potencias victoriosas de 1945 –los Estados Unidos, el Reino Unido, Francia, la Unión Soviética y China– asientos permanentes en el Consejo de Seguridad, mientras otros países deben turnarse en períodos de dos años. Antes de ordenar una acción militar contra un país acusado de agresión, las grandes potencias deben convencer a suficientes miembros temporales para conseguir una mayoría de votos de los quince miembros del Consejo de Seguridad, si bien cualquiera de las superpotencias puede vetar la decisión aunque la mayoría sea de catorce a uno. Quienes redactaron las reglas reconocieron sin rodeos que las grandes potencias eran más iguales que los demás. Por eso se tomaron tan en serio lo de conseguir que el nuevo sistema funcionara.

Convencer a las grandes potencias de que firmaran estas normas fue peliagudo. Se les pedía que renunciaran a un instrumento –el poder militar– que solía permitirles hacer su voluntad en el mundo. Como sabían que también ellos podían ser destruidos en una guerra entre superpotencias, modificar las reglas internacionales también redundaba en su interés propio a largo plazo; pero se les pedía que cambiaran un pájaro en mano por cien volando. El veto es lo que permitió salvar ese obstáculo: significaba que la ONU jamás podría emprender acciones contra ninguna de las superpotencias, lo cual, en la práctica, las eximía del cumplimiento de la nueva ley internacional. Eso sí, los demás países debían obedecerla. Si el Consejo de Seguridad acordaba que las acciones de un país suponían un peligro para la paz, aquel país podía enfrentarse a un ejército internacional que actuaría bajo la bandera de la ONU. Les pasó a Corea del Norte en 1950 y a Irak en 1990.

También se esperaba que las grandes potencias obedecieran la ley, y si no lo hacían acaso sufrieran fuertes presiones, pero no se les iba a pedir cuentas por medios militares: podían vetar sin más cualquier resolución condenatoria del Consejo de Seguridad. (Hasta marzo de

2022, Rusia/URSS ha utilizado su veto 120 veces, los Estados Unidos 82, el Reino Unido 29, Francia 16 y China 16.)

El embajador ruso en la ONU vota contra la propuesta de los EE. UU. de investigar el presunto uso de armas químicas en Siria, 10 de abril de 2018

A pesar de todo este pragmatismo, seguía sin funcionar. En el espacio de pocos años, los cinco miembros permanentes del Consejo de Seguridad se habían dividido en dos bloques militares hostiles, como suelen hacer los países ganadores después de una guerra importante. Si no hubiera sucedido así, habría sido una gran sorpresa histórica.

Crímenes de guerra

Tras la Segunda Guerra Mundial, otra destacada novedad fueron los juicios por «crímenes de guerra». Era la «justicia del vencedor», sin duda: algunas de las leyes en virtud de las cuales se acusó a funcionarios y oficiales alemanes y japoneses superiores no existían cuando fueron cometidos los supuestos crímenes, pero fue un intento atrevido y en parte afortunado de definir e imponer la conducta adecuada incluso en medio de la crueldad y el caos de una guerra. Milagrosamente, resulta que los miembros del bando ganador no cometieron ningún crimen de guerra.

> Estoy combatiendo en cierto lugar. Tengo una unidad que está avanzando. Tengo un tanque destruido por los alemanes. Salen los cuatro hombres de dentro, indemnes pero aturdidos. En vez de regresar a mis líneas, se dirigen a la línea alemana. Los alemanes, ra-ta-ta-ta, los matan, allí mismo. Algunos de mis hombres ven esto y dicen: «Los han matado sin darles ninguna oportunidad. No está bien».
>
> Comandante Jacques Dextraze, Regimiento de Fusileros de Mont-Royal

En agosto de 1944, cuando ocurrió este incidente, Jacques Dextraze era un oficial de 24 años que estaba al frente de una compañía de infantería francocanadiense en Normandía.

> Vale. La batalla continúa y tomamos algunos prisioneros. Escojo a alguien para que los lleve a la retaguardia. Cuando el hombre al cargo de los presos llega a un puente –los había hecho correr durante casi cinco kilómetros–, dice: «No, vosotros volasteis los puentes, vais a nadar». Bueno, es fácil imaginar qué le pasa a un hombre que acaba de correr cinco kilómetros y luego intenta nadar [...] la mayoría se ahogaron.
>
> Y yo, al pasar cerca con el *jeep*, cuando veo treinta, cuarenta, cincuenta cadáveres de hombres ahogados [...] no sé qué ha pasado, pero no hago demasiadas preguntas. Tomé medidas internas dentro de la unidad, pero no emití ninguna nota de prensa sobre lo que hice.
>
> Así pues, cuando vi los juicios de Núremberg me dije a mí mismo: «Mira, tienes suerte de que fuimos los vencedores». Porque, si no, yo estaría ahí: soy yo el responsable de lo que hacen mis subordinados.

Dextraze era un buen soldado que acabó siendo general y jefe del Estado Mayor de la Defensa de las Fuerzas Armadas Canadienses. Los canadienses combatieron en todas las guerras de Occidente del siglo xx excepto en Vietnam, período en el que perdieron casi el doble de militares per cápita que los Estados Unidos. No obstante, aunque algunos crímenes de guerra habían sido codificados en las Convenciones de La Haya de 1899 y 1907, todavía en 1944 Dextraze no tenía dónde dirigirse, en la práctica, tras descubrir un crimen de guerra en su regimiento. Lo mejor que podía hacer era aplicar una sanción administrativa y encubrirlo.

Los principios de Núremberg de 1947 y las Convenciones de Ginebra cambiaron esto, y desde entonces ha habido un aumento espectacular de los procesamientos por crímenes de guerra. La mayoría de las Fuerzas Armadas occidentales recuerdan a sus miembros al menos una vez al año sus obligaciones legales en tiempo de guerra. En consecuencia, cuando el ejército australiano descubrió crímenes cometidos por sus tropas en Afganistán, su respuesta fue radicalmente distinta.

> Los tíos tenían sed de sangre. Psicópatas. Pirados sin remedio. Y los hemos criado nosotros.
>
> Soldado australiano sobre los asesinatos del SAS [Special Air Service, Servicio Aéreo Especial] en Afganistán

Las tropas australianas han estado en Afganistán casi ininterrumpidamente desde 2002 formando parte de la coalición liderada por los EE. UU., que respaldaba al gobierno instalado por los EE. UU., enfrentadas a los talibanes y otras fuerzas islamistas insurgentes. Cuando ciertos rumores sobre el comportamiento de soldados de élite del Servicio Aéreo Especial llegaron a oídos de Jeff Sengelman, comandante de Operaciones Especiales, este encargó a la doctora Samantha Crompvoets, civil y socióloga militar, que analizara la cultura de las fuerzas especiales. Basándose en las entrevistas que llevó a cabo (una de ellas citada antes), en 2016 el inspector general de la Fuerza de Defensa Australiana creó una comisión independiente encabezada por el general de división Paul Brereton, oficial en la reserva y juez del Tribunal de Apelación de Nueva Gales del Sur, que llevaría a cabo una investigación formal.

El duro informe de Brereton, entregado en noviembre de 2020, encontró pruebas convincentes del asesinato de 39 afganos –prisioneros de guerra, campesinos y otros civiles– a cargo de 25 soldados australianos del SAS entre 2007 y 2013. Según el informe, ninguna de las muertes se produjo en el fragor de la batalla, y todas tuvieron lugar en circunstancias que, si fueran aceptadas por un jurado, permitirían la calificación de «crimen de guerra». La mayoría se debían a una «cultura guerrera» en la que los soldados más jóvenes tendrían su «bautismo de sangre» (es decir, matarían por primera vez) disparando sobre un preso obedeciendo órdenes de su comandante de patrulla, normalmente un suboficial veterano. A continuación radios y armas capturadas se colocaban junto a los cuerpos de víctimas para que las fotos obtenidas sirvieran de tapadera en los informes sobre las operaciones. Además, en el Fat Lady's Arms, un bar clandestino montado en la base del SAS de la provincia de Uruzgan, los soldados bebían de una pierna ortopédica hueca que le habían arrancado a un talibán muerto.

En una respuesta televisada a nivel nacional sobre el informe de Brereton, el general Angus Campbell, jefe de la Fuerza de Defensa, aceptó las 143 recomendaciones de Brereton, remitió el informe a la policía federal australiana para la investigación de los delitos, pidió perdón al pueblo de Afganistán, condenó la cultura «bochornosa» y «tóxica» que se había dejado crecer dentro del SAS, y respaldó las peticiones de que, en futuros despliegues de las fuerzas especiales, fuera obligatorio llevar cámaras en el cuerpo o el casco. No fue una actuación perfecta –con respecto al nivel al que debían llegar las responsabilidades en la cadena de mando, el hombre fue algo impreciso–, pero no estuvo nada mal.

Como era de prever, hubo una reacción nacionalista. Campbell intentó despojar al Grupo Operativo de Operaciones Especiales de la condecoración Meritorious Unit Citation, gracias a lo cual quienes querían desviar la atención de los criminales de guerra se centraron en el daño que supuestamente iban a sufrir por los otros 3.000 australianos que habían pertenecido a la misma unidad entre 2007 y 2013. Campbell seguramente sabía que iba a pasar esto, pero siguió adelante.

La diferencia entre las respuestas de Dextraze y de Campbell no es una cuestión de personalidad o de nacionalidad, sino de fechas. Se ha producido una transformación gradual en la actitud de los ejércitos a que sus miembros rindan cuentas de sus conductas criminales pese a la complejidad moral del entorno bélico, lo cual deriva de la mayor clarificación y amplitud de las leyes de la guerra desde la Segunda Guerra Mundial. Poco a poco...

Muchísimo tiempo

> Pasará aún mucho tiempo hasta que los gobiernos estén realmente preparados para que un organismo internacional limite sus políticas nacionales –sobre todo porque eso suele suscitar una tremenda oposición interna.
>
> Brian Urquhart, antiguo subsecretario general de
> las Naciones Unidas

Esta «tremenda oposición interna» se encarna actualmente en los gobiernos populistas/nacionalistas nacidos de elecciones en varios países democráticos (EE. UU., Reino Unido, Brasil, Polonia, Hungría, la India, las Filipinas), pero el archipopulista Donald Trump ya ha perdido el cargo y no hay más «fin de la historia» del que hubo con las revoluciones anticomunistas no violentas de 1989. Ahora tenemos una única cultura global, con centenares de variantes locales pero aún lo bastante coherente para ser barrida por olas de moda política, y no es probable que la actual moda del populismo esté aquí para quedarse. Incluso podríamos, en una coyuntura futura, mirar atrás y sentirnos agradecidos de que esta moda haya seguido su curso declinante antes de que las cosas se pusieran realmente feas.

No es que se creyera que las Naciones Unidas iban a ser un éxito desde el principio y que hayan fracasado, sino al revés: estaban destinadas a ser un relativo fracaso, y no hay motivos para desesperarse. El progreso se medirá necesariamente en pasos pequeños a lo largo de décadas. No tiene sentido suspirar por algún Gandhi universal capaz de cambiar el corazón humano y liberarnos de nuestras obsesiones por el poder y el interés nacional.

Las razones de por qué nos comportamos de esta manera no son (solo) estúpidas o mezquinas. La realidad es que no podemos tener siempre todo lo que queremos. Es por eso por lo que muchos países fronterizos han vivido en un estado permanente de guerra potencial, como hacían los grupos limítrofes de cazadores-recolectores hace veinte mil años.

Si ha llegado el momento de diseñar un método diferente de resolver nuestras disputas, solo puede hacerse con la cooperación de los gobiernos del mundo, pues lo que posibilita la guerra es la independencia absoluta de los gobiernos nacionales. Por desgracia, reina la desconfianza en todas partes, y los países rara vez permiten que un grupo de extranjeros decidan sobre sus intereses.

Los nacionalistas tienen motivos para preocuparse por lo que podría significar una ONU poderosa. Las Naciones Unidas se crearon para poner fin a la guerra –«no para conducir a la humanidad al cielo sino para salvarla del infierno», en palabras de Dag Hammarskjöld. Los fundadores de la ONU sabían que para garantizar la seguridad de cada país frente a un ataque de sus vecinos, para tomar decisiones sobre disputas internacionales y hacerlas cumplir, las Naciones Unidas deberían tener bajo su mando a unas Fuerzas Armadas poderosas –de hecho, la Carta de la ONU establece disposiciones para una fuerza de esta clase.

Unos pocos principios, mucho poder

> La justicia sin fuerza es impotente.
>
> Blaise Pascal[3]

Esta es la auténtica razón por la que las Naciones Unidas jamás han funcionado como estaba previsto: puesto que una ONU de veras efectiva tendría capacidad para coaccionar a los gobiernos nacionales, naturalmente muchos se niegan a que esto se materialice. Saben lo que han de hacer para terminar con las guerras internacionales –lo han sabido desde 1945 como muy tarde–, pero aún no están dispuestos a hacerlo. La posibilidad de que sus intereses resulten más adelante afectados debido a decisiones de unas Naciones Unidas que han crecido demasiado para poder oponerle resistencia es tan preocupante que prefieren seguir conviviendo con el riesgo de la guerra.

Desde luego la actual ONU no es lugar para los idealistas, pero estos estarían aún más disconformes si la institución funcionara de veras. La ONU seguiría siendo lo que ha sido siempre –una asociación de cazadores furtivos convertidos en guardabosques, no la Comunión de los Santos–, y no tomaría decisiones conforme a ningún criterio imparcial de justicia porque no existe un concepto imparcial de justicia que toda la humanidad esté dispuesta a suscribir. En cualquier caso, no es la «humanidad» la encargada de tomar decisiones en las Naciones Unidas, sino los gobiernos, y lo hacen con la idea de proteger sus propios intereses nacionales. Ahora mismo tomarían decisiones mediante un proceso muy politizado, desarrollado dentro de los límites de la razón gracias al reconocimiento compartido de que jamás deben perjudicar los intereses de ningún miembro poderoso ni grupo de miembros relevantes, hasta el punto de destruir el consenso básico para mantener la guerra a raya.

Esto no debería sorprendernos. Las políticas nacionales funcionan en todas partes con arreglo a la misma combinación: unos pocos principios, mucho poder y una última restricción sobre el ejercicio desconsiderado de este poder basado en la necesidad de evitar una guerra civil y preservar el consenso en torno al que se constituye cada país. En el plano nacional, aceptamos las imposiciones y las inconveniencias de un gobierno lejano y poco manejable porque, a fin de cuentas, los beneficios superan los costes: nos proporciona una paz civil, protección frente a las ambiciones de otras comunidades nacionales y un marco para la cooperación a gran escala en la búsqueda de los objetivos que nos planteemos como sociedad.

Deberían tener igual peso los mismos argumentos en favor de una autoridad internacional, si bien en ningún país importante del mundo goza de un respaldo popular amplio la cesión de soberanía a las Naciones Unidas. La mayoría de la gente es reacia a aceptar que la guerra y la soberanía nacional están indisolublemente unidas, y que librarse de una comporta renunciar a gran parte de la otra. Casi todo el mundo cree firmemente que su país debe tener plena independencia.

Curiosamente, esta creencia es menos sólida entre los gobernantes que entre los gobernados. Las Naciones Unidas no se crearon por petición popular, sino porque los gobiernos estaban alarmados por el rumbo de las cosas y fueron incapaces de pasar por alto la cruda realidad de la situación. Si no tuvieran que preocuparse de cómo reaccionaría su propia gente, los profesionales de la política exterior de casi todos los países harían las concesiones mínimas necesarias para crear una autoridad mundial operativa. Por las mismas razones, estarían también de acuerdo los profesionales militares más reflexivos.

El obstáculo es la «gente»: la gran resistencia interna a cualquier cesión de soberanía. Pero también los políticos, pues pese a comprender las realidades de la situación (aunque muchos no, pues su experiencia suele girar en torno a asuntos internos), no pueden permitirse ir demasiado por delante de las personas a las que dirigen. De todos modos, se han hecho progresos.

> Hemos de conquistar el estado nacional moderno antes de que él nos conquiste a nosotros.
>
> Dwight MacDonald, 1945[4]

Si la eliminación de la guerra entre superpotencias y el establecimiento del derecho internacional es un proyecto de cien años, entonces vamos con un poco de retraso. Sin embargo, hemos realizado avances considerables. No ha estallado la Tercera Guerra Mundial, y esto es gracias, al menos en parte, a que las Naciones Unidas han dado a las grandes potencias un medio para alejarse de sus enfrentamientos más peligrosos sin quedar mal. En la Carta de la ONU, la prohibición de la modificación de fronteras por la fuerza no ha impedido guerras fronterizas, pero ningún nuevo trazado forzoso ha conseguido un reconocimiento internacional amplio. Las guerras entre potencias medianas –sobre todo las árabe-israelíes y las indo-pakistaníes– casi nunca duran más de un mes porque las propuestas de alto el fuego y de tropas pacificadoras de la ONU procuran una salida rápida al bando perdedor (incluidas la toma de Crimea y de Donbas, en Ucrania, por parte de Rusia).

También ha habido fracasos espectaculares, como la guerra de ocho años entre Irán e Irak en la década de 1980, que los norteamericanos y los rusos prolongaron adrede al ayudar a Sadam Huseín con la esperanza de que este destruiría el régimen islámico revolucionario de Irán. Ciertas acciones de las grandes potencias, como la invasión soviética de Afganistán en 1979 o la invasión estadounidense de Irak en 2003, fueron ilegales, pero la ONU no fue capaz de resolverlas debido al sistema de veto. En los conflictos de los últimos treinta años, la mayoría de las muertes se han producido en guerras civiles (principalmente en África) en las que la ONU no ha tenido mandato para intervenir.

Alexei Kosygin, primer ministro de la URSS, saluda a Sadam Husein
el 14 de abril de 1975

Según cómo se mire, el vaso está medio lleno. La supervivencia de las Naciones Unidas como foro permanente, integrador, cuyos países miembros se comprometen a evitar o prevenir la guerra –a veces con éxito–, ya ha creado un contexto histórico nuevo.

Un acto final de redefinición

De todos modos, en un mundo que se calienta a gran velocidad quizás hagan falta decisiones dolorosas. Ciertas técnicas de geoingeniería para ralentizar el aumento de la temperatura, vitales para las potencias más cercanas al ecuador, acaso sean menos prioritarias para quienes, al estar en las zonas templadas, pueden permitirse esperar –divergencia de posturas que podría provocar algún tipo de guerra entre superpotencias que ahora mismo parece inconcebible.

Enjambre de drones de vigilancia volando en formación, 2017

El mayor número de armas relativamente baratas pero efectivas (drones, robots, etc.) que pueden operar en grupo está igualando las condiciones de tal modo que las potencias grandes y ricas son vulnerables a ataques devastadores y anónimos de enemigos pequeños y más pobres (un ejemplo reciente es el de un ataque con drones sobre la producción petrolífera de Arabia Saudí en 2019). La lista de potenciales sorpresas tecnológicas y estratégicas es larga: las «incógnitas desconocidas» siempre estarán entre nosotros.

Nos hallamos en medio de una transformación, posibilitada por la tecnología de las comunicaciones de masas, en la que los seres humanos están reivindicando su antigua herencia igualitaria. No está claro por qué más democracia debería volver a la gente más pacífica –los cazadores-recolectores igualitarios no eran precisamente pacíficos, como hemos visto–, pero en todo caso parece que el efecto sea este. Los países democráticos libran guerras, pero casi nunca entre sí. Tendremos que seguir retocando nuestras instituciones, de lo contrario nuestro mundo más conectado e igualitario aún puede volver de nuevo a la guerra; sea como fuere, todavía hay esperanza. Está en marcha una lenta aunque perceptible revolución en la conciencia humana.

Siempre manejamos nuestros asuntos partiendo de la base de que hay una categoría especial de personas a las que consideramos seres humanos plenos, con derechos y deberes más o menos como los nuestros, a los que no debemos matar aunque nos peleemos. A lo largo de los últimos diez mil años hemos ampliado esta categoría desde el grupo original de cazadores-recolectores hasta abarcar a colectivos cada vez mayores. Primero fue la tribu de unos cuantos miles de personas unidas por lazos rituales y de parentesco; luego el Estado, cuyos ciudadanos reconocen intereses compartidos con millones de personas a las que no conocen ni conocerán nunca; y ahora, por último, toda la especie humana.

En estos cambios anteriores no había nada idealista. Tenían lugar porque fomentaban los intereses materiales de la gente y garantizaban su supervivencia. Lo mismo cabe decir de este acto final de redefinición: hemos llegado a un punto en que nuestra imaginación moral debe volver a expandirse para incluir a toda la humanidad, de lo contrario pereceremos. El cambio de perspectiva cultural y la creación de instituciones políticas que reflejen la nueva perspectiva requerirán mucho tiempo. Cuesta creer que estamos siquiera a mitad de camino de nuestro objetivo.

En cuanto al planteamiento de que nunca habrá hermandad universal entre los países: no hace falta. Apenas podemos decir que exista dentro de un país, ¿cómo va a florecer entre países? Lo que sí existe, y ahora debe extenderse más allá de todas las fronteras, es un reconocimiento mutuo de que todos estamos mejor cuando respetamos nuestros derechos recíprocos y aceptamos el arbitraje de una autoridad superior en vez de matarnos cuando nuestros derechos o intereses entran en conflicto. En un año concreto, existe solo un pequeño peligro de que comience otra guerra mundial que ponga fin a la civilización humana. De todos modos, en términos acumulativos, teniendo en cuenta lo mucho que puede tardar el proceso de cambio, el peligro es extremo. Pero no hay excusas para tirar la toalla.

Por deficientes que puedan ser las Naciones Unidas en muchos aspectos, creo que es una organización totalmente esencial. No cabe la posibilidad de que este esfuerzo no se haga –ha de hacerse–, sabiendo muy bien que estamos empujando una enorme roca por una cuesta muy empinada. De vez en cuando

> habrá resbalones y retrocederemos, pero hemos de seguir em-
> pujando. Porque, si no lo hacemos, estaremos cediendo sin más
> ante la idea de que en algún momento volveremos a estar en
> una guerra mundial global, pero esta vez con armas nucleares.
>
> Brian Urquhart

A lo largo de las próximas generaciones, nuestra tarea será transfor-
mar el actual mundo de países independientes en una especie de
comunidad internacional genuina. Si conseguimos crear esta comunidad, por pendenciera, insatisfecha y llena de injusticias que sea,
habremos eliminado efectivamente la vieja institución de la guerra.
Ya va siendo hora.

Notas finales

Prólogo

1. Robyn Dixon, «Drones owned the battlefield in Nagorno-Karabakh- and showed future of warfare», *Washington Post*, 11 de noviembre de 2020.

Capítulo 1

1. J. Morgan, *The Life and Adventures of William Buckley: Thirty-Two Years A Wanderer Amongst the Aborigines*, Canberra, Australian National University Press, 1979 [1852], 49-51.
2. W.L. Warner, «Murngin Warfare», en *Oceania* I, 457-494 (1931).
3. N.A. Chagnon, *Studying the Yanomamo*, Nueva York, Holt, Rinehart and Winston, 1974, 157-161; N.A. Chagnon, *Yanomamo*, 4.ª edición, Nueva York, Harcourt and Brace: Jovanovich College Publishers, 1994, 205.
4. E.S. Burch, Jr., «Eskimo Warfare in Nortwest Alaska», *Anthropological Papers of the University of Alaska* 16 (2), 1-14 (1974).
5. Richard Wrangham y Dale Peterson, *Demonic Males: Apes and the Origins of Human Violence*, Boston, Houghton Mifflin, 1996, 17.
6. Stephen A. LeBlanc y Katherine E., *Register*, Constant Battles: The Myth of the Noble, Peaceful Savage, Nueva York, St. Martin's Press, 2003, 81-85.
7. *Ibid.*, 94-97.
8. Wrangham y Peterson, *op. cit.*, 65.
9. Harold Schneider, *Livestock and Equality in East Africa: the economic basis for social structure*, Bloomington y Londres, Indiana University Press, 1979, 210.
10. Bruce Knauft, «Violence and Sociality in Human Evolution», *Current Anthropology* vol. 32, n.º 4 (agosto-octubre de 1991), 391-428.
11. Christopher Boehm, *Hierarchy in the Forest*, 1999, Kindle, 2119-2120.
12. Richard B. Lee, *The !Kung San: Men, Women and Work in a Foraging Society*, Cambridge, Cambridge University Press, 1979.

Capítulo 2
1. John Ellis, *The Sharp end of War* (North Pomfret, VT, David and Charles, 1980), 162-164; Richard Holmes, *Acts of War: The Behaviour of Men in Battle* (Londres, Random House, 2003).
2. M. Lindsay, *So Few Got Through*, Londres, Arrow, 1955, 249.
3. Samuel P. Huntington, *The Soldier and the State*, Nueva York, Vintage, 1964, 79.
4. S. Bagnall, *The Attack* (Londres, Hamish Hamilton, 1947), 21.
5. S.A. Stouffer *et al.*, *The American Soldier*, vol. II (Princeton, NJ, Princeton University Press, 1949), 202.
6. Lt. Col. J.W. Appel y Capt. G.W. Beebe, «Preventive Psychiatry: An Epidemiological Approach», *Journal of the American Medical Association*, 131 (1946), 1470.
7. Bagnall, *op. cit.*, 160.
8. Appel y Beebe, *op. cit.*
9. Col. S.L.A. Marshall, *Men Against Fire*, Nueva York, William Morrow and Co., 1947, 149-150.
10. Martin Middlebrook, *The Battle of Hamburg* (Londres, Allen Lane, 1980), 244.
11. https://apply.army.mod.uk/roles/royal-artillery/gunner-iunmanned-aerial.systems
12. Véase airwars.org. El Bureau of Investigative Journalism da estimaciones mucho más conservadoras de un mínimo de 14.040 «ataques confirmados» realizados por drones norteamericanos armados y 8.858-16.901 «muertos totales», de los cuales eran civiles solo 910-2.200. Airwars también contabiliza ataques de drones norteamericanos no anunciados (incluidos los de Pakistán) y ataques de drones rusos en Siria, de drones turcos en Irak, Siria y Libia, de drones de Arabia Saudí y EUA en Yemen, etc.
13. https://www.legion.org/pressrelease/214756/distinguished-warfare-medal-cancelled
14. Patrick Wintour, «RAF urged to recruit video game players to operate Reaper drones», *The Guardian*, 9 de diciembre de 2016.
15. D. Wallace y J. Costello, «Eye in the sky: Understanding the mental health oh unmanned aerial vehicle operators», *Journal of Military and Veteran's Health* (Australia), vol. 28, n.º 3, octubre de 2020.
16. Eyal Press, «The Wounds of the Drone Warrior», *New York Times Magazine*, 13 de junio de 2018.
17. Entrevista en Sky News, 8 de noviembre de 2020.
18. Para un análisis completo de las cuestiones legales incluidas en la regulación del desarrollo y uso de armas autónomas, véase Frank Pasquale, «New Laws of Robotics: Defending Human Expertise in the Age of AI», Harvard University Press, 2020.

Capítulo 3

1. Robert L. O'Connell, *Ride of the Second Horseman: The Growth and Death of War* (Oxford, Oxford University Press, 1995), 64-66; John Keegan, *A History of Warfare* (Nueva York, Vintage, 1994), 124-126 (hay trad. cast., *Historia de la Guerra*, Madrid, Turner Publicaciones, 2014).
2. O'Connell, *op. cit.*, 68.76.
3. Homero, *Iliad*, tr. Richard Lattimore (Chicago, University of Chicago Press, 1951), 65-84 (hay trad. cast., *La Ilíada*, Barcelona, Ed. Juventud, 2021).
4. Samuel Noah Kramer, *History Begins in Sumer* (Filadelfia, University of Pennsylvania Press, 1981), 30-32 (hay trad. cast., *La historia empieza en Sumer*, Barcelona, Ediciones Orbis, 1985).
5. O'Connell, *op. cit.*, 77-83; Keegan, *op. cit.*, 156-157.
6. Keegan, *op. cit.*, 181.
7. *Ibid*, 166.
8. O'Connell, *op. cit*, 122, 165-166; Keegan, *op. cit.*, 168.

Capítulo 4

1. H.W.F. Saggs, *The Might That Was Assyria*, Londres, Sidwick & Jackson, 1984, 197.
2. Robert L. O'Connell, *Ride of the Second Horseman: The Growth and Death of War*, Oxford, Oxford University Press, 1995, 145-158.
3. Virgilio, *The Aeneid*, trad. W.F. Jackson Knight, Londres, Penguin Books, 1968, 62-65 (hay trad. cast., *La Eneida*, Barcelona, Ed. Altaya, 2009).
4. El testimonio presencial de Polibio se ha perdido, pero esta descripción de Apiano se basa en él. Susan Rowen, *Rome in Africa*, Londres, Evans Brothers, 1969, 32-33.
5. Graham Webster, *The Roman Imperial Army*, Londres, Adam Charles Black, 1969, 221.
6. Descripión de Heródoto de la Batalla de Maratón en *The Histories*, trad. Aubrey de Selincourt, Londres, Penguin, 1854, 428-429 (hay trad. cast., *Historia*, Madrid, ed. Gredos, 2000).
7. Esquilo, *The Persians*, líneas 355 ss. (hay trad. cast., *Los persas*, Madrid, Ed. Gredos, 2010). A efectos dramáticos, Esquilo describe la batalla desde el bando persa.
8. Tucídides, *History of the Peloponnesian Wars*, Londres, Penguin, 1952, 523-524 (hay trad. cast., *Historia de la Guerra del Peloponeso*, Madrid, Centro de Estudios Políticos e Institucionales, 2002).
9. Keith Hopkins, *Conquerors and Slaves, Sociological Studies in Roman History*, vol. 1, Cambridge, At the University Press, 1978, 33 (hay trad. cast., *Conquistadores y esclavos*, Barcelona, Edicions 62, 1981).
10. *Ibid.*, 28.
11. Edward N. Luttwak, *The Grand Strategy of the Roman Empire From the First Century AD to the Third Century AD*, Baltimore, Johns Hopkins Press, 1976, 15, 189.

Capítulo 5
1. Charles C. Oman, *The Art of War in the Sixteenth Century* (Londres, Methuen, 1937), 237-238.
2. *Ibid.*, 240.
3. Douglas E. Streusand, *Islamic Gunpowder Empires: Ottomans, Safavids, and Mughals* (Filadelfia, Westview Press, 2011), 83.
4. Andre Corvisier, *Armies and Societies in Europe 1494-1789* (Bloomington, Indiana, University of Indiana Press, 1979), 28.
5. J.J. Saunders, *The History of the Mongol Conquests* (Londres, Routledge and Kegan Paul, 1971), 197-198.
6. C.V. Wedgwood, *The Thirsty Years' War* (Londres, Jonathan Cape, 1956), 288-289.
7. J.F. Puysegur, *L'art de la guerre par principes et par règles* (París, 1748), I.
8. Edward Mead Earle, ed., *Makers of Modern Strategy* (Nueva York, Atheneum, 1966), 56.
9. Hew Strachan, *European Armies and the Conduct of War* (Londres, George Allen and Unwin, 1983), 8 (hay trad. cast., *Los ejércitos europeos y la conducción de la guerra*, Madrid, Ejército de Tierra; Estado Mayor; Servicio de Publicaciones; 1985).
10. Laurence Sterne, *A Sentimental Journey through France and Italy* (Oxford, Basil Blackwell, 1927), 85 (hay trad. cast., *El viaje sentimental por Francia e Italia*, Madrid, Ed. El Funambulista, 2006).
11. Christopher Duffy, *The Army of Frederick the Great* (Londres, David and Charles, 1974), 62.
12. Strachan, *op. cit.*, 9.
13. Martin van Crefeld, *Supplying War: Logistics from Wallestein to Putton*, Cambridge, Cambridge University Press, 1977, 38.
14. Maurice, Comte de Saxe, *Les Rêveries, ou Mémoires sur l'Art de la Guerre* (París, Jean Drieux, 1757), 77.
15. Koch, Alexander; Brierley, Chris; Maslin, Mark M.; Lewis, Simon L. (2019), «Earth system impacts of the European arrival and Great Dying in the Americas after 1492», *Quaternary Science Reviews*, 207, 13-36.

Capítulo 6
1. Edward Gibbon, *The Decline and Fall of the Roman Empire* (Nueva York, The Modern Library, 1932) (hay trad. cast., *El declive y caída del imperio romano*, Madrid, Turner Publicaciones, 2011).
2. General de división J.F.C. Fuller, *The Conduct of War, 1789-1961* (Londres, Eyre and Spottiswoode, 1961), 32.
3. R.D. Challener, *The French Theory of the Nations in Arms, 1866-1939* (Nueva York, Russell and Russell, 1965), 3; Alfred Vagts, *A History of Militarism*, ed. rev. (Nueva York, Meridian, 1959), 108-111.

4. Vagts, *op. cit.*, 114; Karl von Clausewitz, *On War*, eds. y trad. Michael Howard y Peter Paret (Princeton, Nueva Jersey, Princeton University Press, 1976) (hay trad. cast., *De la guerra*, Barcelona, Ed. Obelisco, 2015).

5. Vagts, *op. cit.*, 126-137; John Gooch, *Armies in Europe* (Londres, Routledge and Kegan Paul, 1980), 39.

5a. David Mitch, «Education and Skill of the British Labour Force», en Roderick Floud y Paul Johnson, eds., *The Cambridge Economic History of Modern Britain, vol. I: Industrialisation, 1700-1860*, Cambridge, Cambridge University Press, 2004, p. 344.

6. Eltjo Buringh y Jan Luiten van Zanden, «Charting the 'Rise of the West' Manuscripts and Printed Books in Europe, A Long-Term Perspective from the Sixth through Eighteenth Centuries», *The Journal of Economic History*, vol. 69, n.º 2 (2009), 409-445.

7. Anthony Brett-James, 1812: *Eyewitness Accounts of Napoleon's Defeat in Russia* (Londres, Macmillan, 1967), 127.

8. Christopher Duffy, *Borodino and the War of 1812* (Londres, Seeley Service, 1972), 135.

9. David Chandler, *The Campaigns of Napoleon* (Nueva York, Macmillan, 1966), 668 (hay trad. cast., *Las campañas de Napoleón: un emperador en el campo de batalla de Tolón a Waterloo, 1796-1815*, Madrid, La Esfera de los Libros, 2015); Gooch, *op. cit.*, 39-41.

10. Vagts, *op. cit.*, 143-144.

11. *Ibid.*, 140.

12. Edward Meade Earle, ed., *Makers of Modern Strategy* (Nueva York, Atheneum, 1966), 57.

13. Karl von Clausewitz, *On War*, trad. coronel J.J. Graham (Londres, Trubner, 1873), I, 4 (hay trad. cast., *De la guerra*, Barcelona, Ed. Obelisco, 2015).

14. Paddy Griffith, *Battle Tactics of the Civil War* (New Haven, CT, Yale University Press, 1987), 144-150.

15. Frank E. Vandiver, *Mighty Stonewall* (Nueva York, McGraw-Hill, 1957), 366.

16. Cor. Theodore Lyman, *Meade's Headquarters, 1863-1865* (Boston, Massachusetts, Massachusetts Historical Society, 1922), 101, 224.

17. Mark Grimsley, «Surviving Military Revolution: The US Civil War», en Knox and Williamson Murray, eds., *The Dynamics of Military Revolution, 1300-2050* (Cambridge, Cambridge University Press), 2001, 84.

18. Frederick Henry Dyer, *A Compendium of the War of the Rebellion*, Nueva York, T. Yoseloff, 1959.

19. *Personal Memoirs of General W.T. Sherman*, Bloomington, Indiana, Indiana University Press, 1957, II, 111.

Capítulo 7

1. I.S. Bloch, *The War of the Future in Its Technical, Economic and Political Relations*. Traducción inglesa de W.T. Stead titulada *Is War Impossible?*, 1899.

2. Jacques d'Arnoux, «Paroles d'un revenant», en teniente coronel J. Armengaud, ed., *L'atmosphere du Champ de Bataille, Paris*: Lavauzelle, 1940, 118-119.

3. J.E.C. Fuller, *The Second World War: 1939-1945: A Strategic and Tactical History*, Nueva York, Duell, Sloan and Pearce, 1949, 140.

4. *Ibid.*, 170; Keegan, *op. cit.*, 309.

5. Henry Williamson, *The Wet Flanders Plain*, Londres, Beaumont Press, 14-16. Durante la Batalla del Somme, Williamson tenía diecinueve años.

6. Arthur Bryant, *Unfinished Victory*, Londres, Macmillan, 1949, 8.

7. Aaron Norman, *The Great Air War*, Nueva York, Macmillan, 1968, 353.

8. Bryant Perret, *A History of Blitzkrieg*, Londres, Robert Hale, 1983, 21.

9. Jonathan, B.A. Bailey, «The Birth of Modern Warfare», en Knox and Murray, *op. cit.*, 142-145.

10. Sir William Robertson, *Soldiers and Satesmen*, Londres, Cassell, 1926, I, 313.

11. Theodore Ropp, *War in the Modern World*, ed. Rev., Nueva York, Collier, 1962, 321, 344.

12. Guy Sajer, *The Forgotten Soldier*, Londres, Sphere, 1977, 228-230 (hay trad. cast., *El soldado olvidado*, Madrid, Inédita Ediciones, 2006).

13. Giulio Douhet, *The Command of the Air*, Londres, Faber & Faber, 1943, 18-19 (hay trad. cast., *El dominio del aire*, Madrid, Ministerio de Defensa; Subdirección General de Publicaciones y Patrimonio Cultural, 2007).

14. Max Hastings, *Bomber Command*, Londres, Pan Books, 1979, 129.

15. Martin Middlebrook, *The Battle of Hamburg*, Allan Lane, Londres, 1980, 264-267.

16. Craven and Cate, *US Army Air Forces*, Chicago, University of Chicago Press, 1948, vol. 5, 615-617.

17. H.H. Arnold, *Report... to the Secretary of War; 12 November 1945*, Washington, Government Printing Office, 1945, 35.

18. Leonard Bickel, *The Story of Uranium: The Deadly Element*, Londres, Macmillan, 1979, 78-79, 198-199, 274-276.

Capítulo 8

1. Bernard Brodie, ed., *The Absolute Weapon: Atomic Power and World Order*, Nueva York, Harcourt Brace, 1946, 76.

2. Fred Kaplan, *The Wizards of Armageddon*, Nueva York, Simon & Schuster, 1983, 26-32.

3. *Ibid.*

4. Gregg Herken, *Counsels of War*, Nueva York, Knopf, 1985, 306.

5. Kaplan, *op. cit.*, 133-134.

6. Herken, *op. cit.*, 116.

7. Gerard C. Smith, *Doubletalk: The Story of the First Strategic Arms Limitation Talks*, Garden City, N.Y., Doubleday, 1980, 10-11.

8. Desmond Ball, «Targeting for Strategies Deterrence», *Adelphi Papers*, n.º 185 (verano de 1983), Londres, Instituto Internacional de Estudios Estratégicos, 40.

9. *New York Times*, 12 de mayo de 1968.

10. Herken, *op. cit.*, 143-145; Ball, *op. cit.*, 10.

11. Kaplan, *op. cit.*, 242-243; 272-273, 278-280; Herken, *op. cit.*, 51. 145; Ball, *op. cit.*, 10-11.

12. Robert F. Kennedy, *Thirteen Days: A Memoir of the Cuban Missile Crisis*, Nueva York, Norton, 1968, 156.

13. De *The Fog of War.*

14. Véase «The Cuban Missile Crisis, 1962: A Political Perspective After Forty Years», en *The National Security Archive of the George Washington University* (página web), en http://www.gwu.edu/~nsarchiv/nsa/cuba_mis_cri/

15. McGeorge Bundy, George F. Kennan, Robert S. McNamara y Gerard Smith, «The President's Choice; Star Wars or Arms Control», *Foreign Affairs* 63, n.º 2 (invierno de 1984-1985), 271.

16. Carl Sagan, «Nuclear War and Climatic Catastrophe: Some Policy Implications», *Foreign Affairs*, invierno de 1983-1984, 285.

17. Turco, R.P., Toon, A.B., Ackerman, T.P., Pollack, J.B., Sagan, C. [TTAPS], «Nuclear Winter: Global Consequences of Multiple Nuclear Explosions», *Science*, vol. 222 (1983), 1283-1297; y Turco, R.P., Toon, A.B., Ackerman, T.P., Pollack, J R , Sagan, C. [TTAPS], «The Climatic Effects of Nuclear War», *Scientific American*, vol. 251, n.º 2 (agosto de 1984), 33-43.

18. Paul R. Ehrlich *et al.*, «The Long-Term Biological Consequences of Nuclear War», *Science*, vol. 222, n.º 4630 (diciembre de 1983), 1293-1300.

19. Sagan, *op. cit.*, 276; Turco *et. al.*, *op. cit.*, 38.

20. *Science*, vol. 247 (1990), 166-176.

Capítulo 9

1. Los artículos de Kaufmann de 1955 influyeron mucho en la opinión del ejército de los Estados Unidos sobre la posibilidad de limitar la guerra en Europa a las armas convencionales. Fred Kaplan, *The Wizards of Armageddon*, Nueva York, Knopf, 1984, pp. 197-200.

2. Karl von Clausewitz, *On War*, Nueva York, The Modern Library, 1943 (hay trad. cast., *De la Guerra*, Barcelona, Ed. Obelisco, 2015).

3. W. Baring Pemberton, *Lord Palmerston*, Londres, Collins, 1954, pp. 220-221.

4. Stanley Karnow, *Vietnam: A History*, Nueva York, Viking, 1983, p. 312.

5. Walter Laqueur, *Guerrilla*, Londres, Weindenfeld and Nicholson, 1977, 40.

6. Christon I. Archer, John R. Ferris, Holger H. Herwig y Timothy H.E. Travers, *World History of Warfare*, Londres, Cassell, 2003, p. 558.

7. Robert Moss, *Urban Guerrillas*, Londres, Temple Smith, 1972, 198.

8. Sarah Ewing, «The IoS Interview», en el *Independent on Sunday*, Londres, 8 de septiembre de 2002.

Capítulo 10

1. Natalie Angier, «No Time for Bullies: Baboons Retool Their Culture», *New York Times*, 13 de abril de 2004.
2. «India's Actions in Kashmir Risk Nuclear War», *The Guardian*, 28 de septiembre de 2019.
3. Blaise Pascal, *Pensées*, cap. iii, sec, 285 (1669) en *Œuvres complètes*, Gallimard pléiade ed., 1969, p. 1160 (hay trad. cast., *Pensamientos*, Madrid, Ed. Valdemar, 2005).
4. Dwight MacDonald, *Politics* (revista), agosto de 1945.

Créditos de las imágenes

p. 15. Cubierta de *Yanomamö*, de Napoleon A. Chagnon. Pub. Holt, Rinehart, Winston, 2.ª ed., 1977.

p. 17. Jane Goodall, hacia 1965. Colaborador: Everett Collection Historial/ Alamy Stock Photo.

p. 27. Bosquimanos en Namibia. Creative Commons, (c) Archiv Dr. Rüdiger Wenzel.

p. 29. Vietnam... Un marine adelantado a su unidad durante la Operación Macon se desplaza lentamente, vigilando las posibles trampas del enemigo. Archivos Nacionales y Administración de Documentos de los EE. UU., 1966. Dominio Público.

p. 33. Marcas de hombro del Ejército Rojo, hacia 1943. Dominio público.

p. 36. Guerra de Corea, un soldado de infantería consuela a otro mientras un tercero rellena etiquetas de cadáveres, 25 de agosto de 1950, Sfc Al Chang, Centro Médico de Corea del Ejército de los EE. UU. Dominio público.

p. 43. Un nuevo recluta responde a instructores militares, Marine Corps Recruitment Depot, San Diego, marines.mil. Dominio público.

p. 46. Gabreski en la cabina de su P47 Thunderbolt tras su 28.º derribo (y cinco días antes de su captura). Archivos Nacionales y Administración de Documentos de los EE. UU. Dominio público.

p. 53. David Wreckham en un reparto de panfletos contra los robots asesinos frente al parlamento británico en abril de 2019. Fotografía: Oli Scarff/Getty Images.

p. 62. *Estela de los Buitres*, hacia 2500 a. C., Departamento de Antigüedades Mesopotámicas, Museo del Louvre, Francia, foto Commons: de Eric Gaba, julio 05.

p. 66. Escitas disparando con arcos compuestos, Kerch, Crimea, siglo IV a. C., Museo del Louvre, foto Commons: PHGcom, 2007.

p. 70. Posible carro de guerra en la *Olla de Bronocice*, Polonia, hacia 3500 a. C.; Museo Arqueológico, Cracovia, Commons, usuario: Silar.

p. 76. Torre de asedio en un bajorrelieve asirio, Palacio del Noroeste de Nimrud, hacia 865-860 a. C., Museo Británico, Commons, usuario: capillon, 12 de junio de 2008.

p. 79. Hoplitas en combate, representados en una urna de alrededor del siglo v a. C., Museo Arqueológico de Atenas. Dominio público.

p. 82. La infantería romana hace frente a los elefantes de Cartago en la Batalla de Zama. Henri-Paul Motte. *Das Wissen des 20.Jahrhunderts*, Bildungslexikon, Rheda 1931. Dominio público.

p. 84. Representación artística de un trirreme comandado por Piteas (hacia 300 a. C.). De *The Romance of Early British Life*, de G.F. Scott Elliot, ilustración de 1909 de John F. Campbell. Dominio público.

p. 91. Miniatura del siglo xiv de *Histoire d'Outremer*, de William of Tyre, sobre una batalla de la Segunda Cruzada, Biblioteca Nacional de Francia, Departamento de Manuscritos, Franceses. Dominio público.

p. 94. Infantería en marcha, grabado en madera según un relieve de la tumba del rey Francisco I (murió en 1547). INTERFOTO/History/Aalamy Stock Photo.

p. 98. Primera ilustración de una *Lanza de Fuego*, siglo x, Dunhuang. Detalle de una ilustración de la tentación de Shakyamuni por Mara. Dominio público.

p. 101. Entrada de Tilly en la destruida ciudad de Magdeburgo, el 25 de mayo de 1631, de la p. 245 de *Deutschlands letzere drei Jahhundere, oder: der deutschen Volkes Gedenk-Buch an seiner Väter Schicksale und Leiden seit drei Jahrhunderten, etc.*, de Franz Lubojatzky, 1858. Dominio público.

p. 104. Ejercicios con mosquetes: *L'Art Militaire pour l'Infanterie*, de Johann Jacobi von Wallhausen, Leewarden, Claude Fontaine, 1630. Dominio público.

p. 107. El asalto de Schellenberg en Donauwörth. Detalle del tapiz de Judocus de Vos, hacia el siglo xviii. Palacio de Blenheim. Wikimedia Commons. Arte de dominio público.

p. 113. Napoleón Bonaparte pasando revista a los Granaderos de la Guardia Imperial el 1 de junio de 1811, en París, Francia. Un grabado de Augustin Burdet a partir de una pintura original de Auguste Raffet (Foto de Hulton Archive/Getty Images).

p. 119. Retirada de Rusia de la *Grande Armée*, de Johann Adam Klein. Imágenes AKG: ID AKG108396.

p. 121. Certificado de la Cruz de Hierro de 2.ª clase para Edgar Wintrath, que le fue concedida el 2 de octubre de 1918. Wikimedia Commons. Dominio público.

p. 125. Soldados en las trincheras antes de la batalla de Petersburg, Virginia, Norteamérica, 1865. Dominio público.

p. 135. Trabajadoras de municiones haciendo funcionar tornos en una fábrica británica de proyectiles. Obsérvense las improvisadas protecciones de madera de la maquinaria. © Museo Imperial de la Guerra Q 54648.

p. 137. Izquierda: Cartel de la Primera Guerra Mundial: «Es mucho mejor enfrentarse a las balas que morir en casa por un bombardeo. Alístate en el ejército enseguida y ayuda a detener las incursiones aéreas. Dios salve al rey». 1915. División de Impresiones y Fotografías de la Biblioteca del Congreso de los Estados Unidos, ID cph.3g10972. Dominio público. Abajo: Restos de un zepelín L-33 en Little Wigborough, Essex. Septiembre de 1916. Oficina de Registro de Essex. Creative Commons: Official Record of the Great War, H.D. Girdwood (Oficina de la India, 1921).

p. 139. Primera fotografía oficial de un tanque en acción, en la Batalla de Flers-Courcelette. 15 de septiembre de 1916. Q 2488 © Museo Imperial de la Guerra.

p. 141. Niños soldado alemanes en la Primera Guerra Mundial. Fotografía tomada probablemente en 1917. Dominio público.

p. 144. Titular de *Springfield Union*: «Largamente demorada ofensiva de Alemania contra Rusia se inicia en un frente de 265 kilómetros». Dominio público.

p. 148. Vista aérea oblicua de edificios residenciales y comerciales devastados al sur de Eilbektal Park (en la parte superior derecha), en el distrito Eilbek de Hamburgo, Alemania. Estos se contaban entre los 16.000 edificios de apartamentos de varias plantas destruidos por la tormenta de fuego generada durante el ataque del Comando de Bombardeo la noche del 27/28 de julio de 1943 (Oparación Gomorra). De Dowd J (oficial de vuelo), fotógrafo oficial de la Royal Air Force. Wikimedia Commons. Licencia no comercial IWM, foto CL 3400. Dominio público.

p. 153. Nube de tormenta de fuego sobre Hiroshima, cerca del mediodía. 6 de agosto de 1945. Ejército de los EE. UU. Dominio público.

p. 155. El general Buck Turgidson (George C. Scott) imitando a un B-52 volando lo bastante bajo para freír pollos de una granja en un tráiler de *¿Teléfono rojo?...*, de una edición especial en DVD en 2004 por el 40.º aniversario del filme *¿Teléfono rojo? Volamos hacia Moscú*, de Stanley Kubrick, 1964. Wikimedia Commons. Dominio público.

p. 164. Cartel de cine para el corto de animación *Duck and Cover* [Agáchate y cúbrete], de Anthony Rizzo, 1952. Wikimedia Commons. Dominio público.

p. 166. Fotografía de reconocimiento a baja altura que muestra un búnker de ojivas nucleares, materiales prefabricados y obreros en el emplazamiento número 1 de San Cristóbal, Cuba. Estados Unidos. Departamento de Defensa. Material Informativo sobre la Crisis de los Misiles del Departamento de Defensa de Cuba. Biblioteca y Museo Presidencial John F. Kennedy, Boston, 23 de octubre de 1962. Acceso n.º PX66-20:20. Dominio público.

p. 170. Un «programa de fiabilidad del personal» analiza detalles de la vida de cada miembro para garantizar que está mentalmente preparado para asumir la gran responsabilidad de controlar armas nucleares. Foto de la Fuerza Aérea de los EE. UU. VIRIN: 090108-F-1234P-010.JPG. https://www.

nationalmuseum.af.mil/Upcoming/Photos/igphoto/2000642472/ Dominio Público.

p. 170. Logotipo de la Iniciativa de Defensa Estratégica. Agencia de Defensa Antimisiles de los Estados Unidos, gobierno federal de los EE. UU. Wikimedia Commons. Dominio público.

p. 172. El presidente soviético Mijaíl Gorbachov estrechándole la mano al presidente norteamericano Ronald Reagan en la década de 1980. Everett Collection Inc/Alamy Stock Photo.

p. 176. Retrato de Albert Einstein, 1945. ALAMY. AlamyID: P89CC5.

p. 187. Tropas británicas en el ejercicio Lionheart de la OTAN en Alemania, 1984. Cortesía del Museo Nacional del Ejército, Londres.

p. 188. Un tanque israelí cruza el canal de Suez durante la guerra árabe-israelí. De la publicación «President Nixon and the Role of Intelligence in the 1973 Arab-Israeli War» [el president Nixon y el papel de los servicios de inteligencia en la guerra árabe-israelí], 1 de octubre de 1973. Wikimedia Commons. Agencia Central de Inteligencia. Dominio público.

p. 190. Izquierda: Supermarine Spitfire Mk IXc, Escuadrón 306 (polaco), Northolt, 1943. Tomada por la RAF, 1943. Wikimedia Commons. Dominio público. Derecha: Caza furtivo Lightning II F-35A de las USAF. 15 de mayo de 2013, 00:44:57. Parte de una foto más grande del sargento mayor Donald R. Allen, de la Fuerza Aérea de los EE. UU. Wikimedia Commons. Dominio público.

p. 198. La foto de un comunista capturado muestra a guerrilleros del Viet Cong cruzando un río en 1966. George Esper, *The Eyewitness History of the Vietnam War 1961-1975*, Associated Press, Nueva York, 1983. Wikimedia Commons. Dominio público.

p. 200. Mao Tse-Tung en Yan'an, década de 1930. Wikimedia Commons. Dominio público.

p. 203. Cartel de la película *The Baader Meinhof Complex* (2008). Descripción del grupo terrorista alemán Facción del Ejército Rojo (RAF), que entre finales de la década de 1960 y principios de la de 1970 llevó a cabo atentados, robos, secuestros y asesinatos. Se ha intentado establecer contacto con el distribuidor del producto promocionado –Constantin Film Verleih (Alemania), Metropolitan Filmexport (Francia) y Bontonfilm (República Checa)–, el editor o el artista gráfico.

p. 206. Atentado contra el World Trade Center, 11 de septiembre de 2001. Robert Giroux/GETTY IMAGES. https://www.gettyimages.co.uk/detail/news-photo/smoke-pours-from-the-world-trade-center-after-it-was-hit-by-news-photo/1161118.

p. 212. El neurocientífico Robert Sapolsky con un babuino. Crédito fotográfico: stanford.edu.

p. 218. En la imagen, misil balístico Pukguksong para ser lanzado desde submarinos en un desfile militar en Pyongyang el 15 de abril de 2017, que celebraba el 105.º aniversario de su líder fundador. Créditos: BJ Warnick/Alamy Stock Photo.

p. 223. El embajador ruso en las Naciones Unidas, Vassily Nebenzia, vota contra la propuesta de investigar el uso de armas químicas en Siria, en la sede central de las Naciones Unidas de Nueva York, el 10 de abril de 2018. Hector Retamal/GETTY IMAGES. Código Getty: AFP_13WtZ6, https://www.gettyimages.co.uk/detail/news-photo-russian-ambassador-to-the-united-nations-vassily-nebenzia-news-photo/944426684?adppopup=true.

p. 231. Alexei Kosygin, primer ministro de la URSS, saluda a Sadam Huseín, 14 de abril de 1975.

p. 232. Enjambre de drones de vigilancia volando en formación. Representación en 3D. Colaborador: Halyn Wang/Alamy Stock Photo.